Quoi dire lorsqu'on se parle

Shad Helmstetter, Ph. D.

Quoi dire lorsqu'on se parle

Le pouvoir du monologue intérieur

UN MONDE DIFFÉRENT

Catalogage avant publication de Bibliothèque et Archives nationales du Québec et Bibliothèque et Archives Canada

Helmstetter, Shad

[What to say when you talk to yourself. Français]

Quoi dire lorsqu'on se parle : le pouvoir du monologue intérieur

Traduction de : What to say when you talk to yourself.

ISBN 978-2-89225-877-6

1. Autosuggestion. 2. Succès – Aspect psychologique I. Titre. II. Titre : What to say when you talk to yourself. Français.

BF697.5.S47H4514 2015 158.1 C2015-940644-7

Adresse municipale :
Les éditions Un monde différent
3905, rue Isabelle, bureau 101
Brossard (Québec) Canada
J4Y 2R2
Tél. : 450 656-2660 ou 800 443-2582
Téléc. : 450 659-9328
Site Internet : www.umd.ca
Courriel : info@umd.ca

Adresse postale :
Les éditions Un monde différent
C.P. 51546
Greenfield Park (Québec)
J4V 3N8

Cet ouvrage a été publié en anglais sous le titre original :
WHAT TO SAY WHEN YOU TALK TO YOUR SELF : POWERFUL NEW TECHNIQUES TO PROGRAM YOUR POTENTIAL FOR SUCCESS!
Publié sous format e-book par Park Avenue Press
362 Gulf Breeze Pkwy, 104, Gulf Breeze, FL 32561
Et par Pocket Books, une division de Simon & Schuster Inc., pour l'édition de poche
1230 Avenue of the Americas, New York, NY 10020

Dépôts légaux : 2e trimestre 2015
Bibliothèque et Archives nationales du Québec
Bibliothèque et Archives Canada
Bibliothèque nationale de France

Conception graphique de la couverture :
OLIVIER LASSER

Version française :
JOCELYNE ROY

Photocomposition et mise en pages :
LUC JACQUES, COMPOMAGNY ENR.
Typographie : Adobe Garamond 12,9 sur 15 pts

ISBN 978-2-89225-877-6
(Édition originale : ISBN 978-0-671-70882-1 Paperback edition, New York)

Nous reconnaissons l'aide financière du gouvernement du Canada par l'entremise du Fonds du livre du Canada (FLC) pour nos activités d'édition.

Gouvernement du Québec – Programme de crédit d'impôt pour l'édition de livres – Gestion SODEC.

Gouvernement du Québec – Programme d'aide à l'édition de la SODEC.

IMPRIMÉ AU CANADA

Je dédie ce livre à la douce mémoire de mes parents, Fred et Nora Helmstetter – à ma mère qui m'a enseigné la constance et la persévérance, et à mon père qui m'a appris qu'il y a toujours une meilleure voie.

TABLE DES MATIÈRES

Introduction 11

Chapitre 1
À la recherche d'une meilleure voie 15

Chapitre 2
Les « réponses » 21

Chapitre 3
Ce qui fonctionne et ce qui ne fonctionne pas 33

Chapitre 4
De nouvelles découvertes 45

Chapitre 5
Nous apprenons à croire 53

Chapitre 6
Le mur 63

Chapitre 7
Le legs de notre programmation 73

Chapitre 8
La séquence de l'autogestion 81

Chapitre 9
Les cinq niveaux du monologue intérieur 93

Chapitre 10
Le problème avec la pensée positive 105

Chapitre 11
Le mythe de la motivation 113

Chapitre 12
Ce n'est pas de l'hypnose et ce n'est pas subliminal 125

Chapitre 13
Si ce n'est pas simple, cela ne fonctionne pas 133

Chapitre 14
Les nouvelles techniques 141

Chapitre 15
Peu importe vos besoins, peu importe votre situation dans la vie 163

Chapitre 16
Comment changer des habitudes 181

Chapitre 17
Comment modifier des attitudes 195

Chapitre 18
La résolution de problèmes et l'atteinte de vos buts 207

Chapitre 19
La motivation intérieure 221

Chapitre 20
Le monologue intérieur situationnel 237

Chapitre 21
Sur la ligne de départ 257

Chapitre 22
Créez votre propre monologue intérieur 267

Chapitre 23
Changer ou ne pas changer 279

INTRODUCTION

Bien que cette édition ait été mise à jour pour répondre aux besoins du lecteur d'aujourd'hui, il est remarquable de constater que le concept du monologue intérieur a non seulement résisté à l'épreuve du temps, mais qu'il a aussi prouvé à quel point il est incroyablement vital et important dans la vie de chacun d'entre nous.

En fait, les découvertes réalisées dans le domaine de la science de l'esprit et du cerveau qui ont rendu possible la première édition de cet ouvrage se sont encore élargies – ou ont plutôt explosé – et elles touchent maintenant tous les aspects de notre culture. En seulement 25 ans, le concept même du « monologue intérieur » est passé d'une certaine percée dans le domaine de l'épanouissement personnel à une compréhension approfondie et éclairante du comportement humain et du rôle que ce discours joue dans la vie de chacun de nous.

Aujourd'hui, à l'ère de l'informatique, la majorité des gens comprennent que nous sommes « programmés » dès la naissance et que, tout au long de notre existence, nous finissons par vivre conformément à ces programmes – pour le meilleur et pour le pire. Mais ce qui n'a pas changé, c'est que de nombreuses personnes – qui veulent faire mieux dans la vie – luttent encore pour se débarrasser de ces vieux programmes qui sont négatifs ou néfastes, ou qui les freinent.

Et dans cette quête, je peux vous assurer que cette édition mise à jour saura bien vous guider. L'histoire complète du monologue intérieur, la façon dont nous sommes programmés et ce que nous pouvons faire à cet égard – tout est ici entièrement intact et prêt à vous aider.

La présentation de cette nouvelle édition me donne également l'occasion de saluer les dizaines de milliers de lecteurs, partout dans le monde, qui ont lu la première version de cet ouvrage et qui ont témoigné de l'efficacité et de la simplicité pratique d'un nouveau monologue intérieur dans leur vie quotidienne.

Si ce qui est magique aujourd'hui devient la science de demain, alors ce qui faisait la « magie du monologue intérieur » il y a quelques années est maintenant devenu la science d'un tout nouveau mode de vie.

Shad Helmstetter, Ph. D.
www.shadhelmstetter.com

Chapitre 1

À la recherche d'une meilleure voie

Vous êtes tout ce qui est.
Vos pensées, votre vie, vos rêves deviennent réalité.
Vous êtes tout ce que vous choisissez d'être.
Vous êtes aussi illimité que l'univers infini.

Pour la plupart d'entre nous, la vie devrait être plutôt bonne.

Nous avons tous entendu parler de ce que la vie est *censée* offrir : des occasions infinies, la concrétisation de nos rêves, et la chance de vivre chaque jour d'une manière qui nous apporte le bonheur et le succès. La majorité d'entre nous veut ou du moins a besoin d'un bon emploi ou d'une carrière réussie, d'une bonne vie de famille et d'une certaine sécurité financière. C'est ce que nous attendons de la vie. Nous savons tout au fond de notre cœur que nous méritons notre juste part et que nous avons tous les droits d'y accéder.

Pourquoi certaines personnes sont-elles plus heureuses, plus productives et plus comblées que d'autres, jour après jour ? Qu'est-ce qui fait la différence ? Est-ce Kismet, une sorte de destin qui, d'une façon mystérieuse, dessine notre avenir et nous laisse peu de latitude lorsqu'il s'agit de tracer notre voie dans la vie ?

Le contrôle de notre vie se trouve-t-il entre nos mains, oui ou non ? Et si nous pouvions, ou *devions*, contrôler notre vie, qu'est-ce qui ne tourne pas rond ? Qu'est-ce qui nous retient ? Si nous voulons vraiment faire mieux, être comme nous le souhaitons vraiment, devenir plus heureux et connaître davantage de succès chaque jour dans tous les aspects de notre vie, *quel est le mur qui se dresse devant nous?*

UNE VIE ILLIMITÉE DE RÉEL POTENTIEL

Imaginez une vie qui n'est pas marquée du sceau des obstacles et des batailles, des ennuis et des difficultés du quotidien. Imaginez une vie remplie de la vitalité que procure la réussite et de l'enrichissement qui découle de l'accomplissement personnel. En ce qui me concerne, ce genre de vie m'est pendant longtemps apparu comme une chimère, une boîte de carton remplie de rêves éveillés et de désirs. Pour moi, vivre une vie d'espoir, de promesses, d'attentes et de réussites, c'était vivre la vie d'un personnage qui n'évoluait que dans les pages d'un livre.

Lorsque j'étais très jeune, j'avais une imagination débordante. Bien avant que j'apprenne ce que nous ne pouvions *pas* faire, je rêvais d'accomplir ce que je savais *pouvoir* faire. Je me rappelle que, jeune garçon, couché sur le dos dans l'herbe fraîche et humide tard le soir, je laissais mon esprit s'égarer dans les profondeurs des étoiles cristallines qui tapissaient le ciel d'été au-dessus de moi. Je pouvais tendre la main et toucher ces étoiles. Je pouvais imaginer n'importe quel rêve et le voir se réaliser.

Ce n'est que plus tard que mes rêves ont cédé le pas à des considérations plus pragmatiques. Le ciel piqueté d'étoiles, l'herbe enrobée de rosée et les rêves chevaleresques de royaumes imaginaires se sont repliés derrière des exigences plus rationnelles. Et j'ai sérieusement entrepris mon éducation, j'ai commencé à apprendre ce que nous ne pouvions *pas* faire. Avec le temps, je me suis davantage efforcé d'étudier les lois et les limites de l'être humain au lieu d'apprendre à découvrir la considérable portée du potentiel de l'humanité.

J'ai appris tous les «devrions», «devons» et «ne pouvons *pas*». On m'a dit que c'était mal d'avoir la tête dans les nuages et que c'était bon d'avoir les pieds sur terre. J'ai donc sorti de ma tête l'animation magique de l'univers et me suis attelé à l'apprentissage de sujets plus pratiques, tels que la survie et l'acceptation. De temps en temps, j'avais le troublant pressentiment qu'il existait bien plus que ce que je percevais, mais je n'arrivais pas à mettre le doigt dessus.

Des années sont passées avant que je décide qu'il était temps de m'arrêter et de regarder à nouveau les étoiles. Mais je l'ai fait. Les conséquences de cette seule petite décision ont changé mon orientation et ma vie.

Avant que je m'arrête et que je replonge, vers le haut, dans les étoiles, j'étais arrivé au terme d'une odyssée qui avait duré 20 ans et qui m'avait mené des routes de campagne d'un village fermier aux tours de bureaux de Madison Avenue à New York ; d'une calme campagne semée de champs de blé aux tables de négociation d'avocats vêtus de complets trois pièces et de spécialistes du marketing à la tenue soignée. Mon odyssée m'a conduit des campus enneigés des collèges du Midwest aux allées bordées de palmiers des universités de la côte ouest.

À un moment donné, pendant ce périple, j'ai recommencé à m'émerveiller et à rêver, comme je l'avais fait autrefois alors que je n'étais qu'un petit garçon. *Et si je pouvais*? me suis-je demandé. *Et si je pouvais découvrir ce qui nous freine et renverser la vapeur? Et s'il existait une réponse et que personne ne regardait au bon endroit? Et si nous pouvions tous, en tout temps, tendre la main et toucher les étoiles?*

J'ai entrepris la première partie de ma recherche en étudiant le « comportement humain ». C'est un sujet pour lequel vous pouvez obtenir un diplôme sans même jamais arriver à le comprendre. C'est également quelque chose que les aînés semblent mieux connaître que les jeunes gens. Peu importe le nombre de diplômes dont mes professeurs pouvaient s'enorgueillir, j'avais le sentiment que certaines personnes de mon entourage, plus âgées et plus sages, avaient compris la nature du comportement humain bien avant qu'il ne se donne des cours sur le sujet.

J'ai ensuite étudié le marketing motivationnel. Il permet de déterminer ce qui pousse les gens à faire ce qu'ils font même s'ils n'en ont pas envie. Lorsque j'ai terminé ces travaux, je suis arrivé à la conclusion qu'on ne peut jamais vraiment obliger quelqu'un à faire quelque chose qu'il ne veut pas faire à moins d'utiliser la force. J'ai décrété que dans la majeure partie du monde libre, la « force » s'appelle la publicité.

Je me suis ensuite tourné vers la psychologie pédagogique. C'est un bon sujet et il mérite notre respect. Un grand nombre de gens ont vécu une vie plus riche parce que quelqu'un qui se souciait d'eux a pris le temps de les écouter.

Et puis un jour, j'ai entrepris un voyage en solitaire. Jamais au cours de mes études en mathématiques, en commerce, en religion ou en psychologie n'avais-je trouvé une réponse concrète à ma question : comment l'individu moyen pourrait-il toucher les étoiles de son firmament tout en gardant les pieds sur la terre ferme ? Je savais qu'il devait exister une meilleure voie, quelque chose d'évident, peut-être, quelque chose qui nous avait échappé. Je croyais que pour maîtriser son avenir, un individu devait certainement commencer par gérer son « moi ». Et si nous pouvions accomplir cela, nous pourrions gérer et maîtriser au moins une partie de ce que nous appelons la « vie ».

Et alors que je continuais d'étudier les rouages de l'esprit humain, j'ai commencé à chercher les réponses – les « solutions » que d'autres devaient certainement avoir trouvées. J'ai découvert des douzaines de réponses. Mais je n'ai trouvé qu'une seule solution.

Chapitre 2

Les « réponses »

Il y a toujours une réponse, bien sûr. Il y a d'innombrables « réponses » pratiques que nous pouvons tous trouver dans n'importe quelle librairie. S'il nous fallait croire ce que nous lisons sur la jaquette des livres à succès traitant de développement personnel, il nous suffirait de lire le bon livre et nous serions, dès demain, capables de changer ce que nous voulons changer, de vivre mieux et de connaître le succès que nous cherchons tous.

Ayant passé plus de 20 ans à étudier presque tout ce qui a été publié sur le « succès », j'ai découvert une promesse récurrente, non remplie – la promesse du succès qui nous attend tout près.

J'ai appris que je peux être hypnotisé, manipulé ou ressuscité (et non pas uniquement au sens religieux du terme). Je sais que je peux assister à des séminaires qui me donneront « la réponse ». Je peux devenir quelqu'un qui se fixe des objectifs et je peux devenir un « véritable battant ». Je peux apprendre à organiser mes journées, à établir mes priorités et à accomplir davantage de choses que dans mes rêves les plus fous. Je peux apprendre à « penser positivement », à être plus créatif, à établir des rapports avec les autres et à « focaliser ». J'ai appris que le succès attend que je me l'approprie ; il suffit que j'accepte mon destin rempli de réalisations et de grandeur. J'ai lu de grandes paroles de sagesse et je me suis fait dire que je peux changer dans ma vie tout ce que je choisis de changer.

Autant ai-je étudié le succès, autant suis-je également demeuré sceptique. Pendant de nombreuses années, j'ai lu, étudié et écouté. Et je me suis demandé : *s'il y a tant de « clés » du succès, pourquoi ne fonctionnent-elles pas? Pourquoi y a-t-il des étagères remplies d'ouvrages traitant d'épanouissement personnel?* Il m'apparaissait que si ces livres étaient aussi efficaces qu'ils auraient dû l'être, nous n'aurions pas eu besoin de toujours en lire de nouveaux. S'il y a tant de réponses à nos questions à propos de ce qu'il faut faire pour rendre la vie meilleure, pourquoi tant de gens ne réussissent-ils pas à tirer parti de ces grandes idées? Ou si ces dernières donnent des résultats pendant un certain temps, qu'est-ce qui fait qu'elles cessent un jour d'être efficaces?

Avez-vous déjà participé à un « rassemblement de motivation » ou assisté à une rencontre au cours de laquelle quelqu'un a prononcé un discours passionné et stimulant? Pourquoi l'effet n'a-t-il pas duré? Avez-vous déjà eu envie de changer, d'accomplir des choses pour ensuite tout arrêter? Où est alors passée votre inspiration?

Le problème n'a pas trait aux livres. Le problème n'a pas trait aux séminaires ni aux discours de motivation. Beaucoup d'idées et de techniques pratiques sont excellentes. Elles *devraient* donner des résultats – et elles le *pourraient*. Mais elles ne sont pas efficaces, ou elles ne le sont pas longtemps, et c'est à cause d'une chose qui nous échappe à tous: *ce n'est pas ainsi que le cerveau fonctionne.*

Le cerveau humain, le centre de contrôle de cet ordinateur personnel incroyablement puissant que nous possédons tous, est capable de tout faire pour vous dans la mesure du raisonnable. Mais vous devez savoir comment le traiter. Si vous le traitez bien et lui donner soigneusement les bonnes directives, il fera ce qu'il convient de faire – il travaillera pour vous de la bonne manière. Mais si vous donnez de mauvaises directives à votre ordinateur mental, il les suivra; il continuera à répondre à la programmation négative que vous et le reste du monde lui avez donnée sans en être même conscients.

LES 148 000 « NON ! »

Je vais vous donner un exemple de cette programmation négative que la majorité d'entre nous a reçue. Pendant les 18 premières années de notre vie, si nous avons grandi dans un foyer relativement moyen et raisonnablement positif, on nous a dit « Non ! », ou ce que nous ne pouvions *pas* faire, plus de *148 000 fois !* Si vous avez eu un peu plus de chance, on vous a probablement dit « Non ! » seulement 100 000 fois, ou 50 000 fois – mais peu importe ce nombre, cela représente une programmation extrêmement négative dont nous n'avions pas besoin.

Entre-temps, au cours de cette même période, ces 18 premières années de votre vie, combien de fois croyez-vous que l'on vous a dit ce que vous *pouvez* faire ou ce que vous *pouvez* accomplir dans la vie ? Quelques milliers de fois ? Quelques centaines de fois ? J'ai posé la question lors des allocutions que je prononce devant des groupes à travers le pays, et les gens m'ont dit ne pas se rappeler qu'on leur ait dit qu'ils *pouvaient* accomplir quelque chose dans la vie plus de trois ou quatre fois ! Peu importe ce nombre, pour la majorité d'entre nous, les « oui » que nous avons reçus ne contrebalancent tout simplement pas les « non ». Les manifestations occasionnelles de « croyance » n'étaient que cela – occasionnelles – et notre dose quotidienne de « ne peut pas » l'emportait largement.

Cette programmation négative que nous avons tous reçue (et que nous recevons encore) n'est pas vraiment le résultat d'une intention. Elle nous a été inculquée par nos parents (qui voulaient nous protéger) ; elle nous a été inculquée par nos frères et nos sœurs, nos professeurs, nos camarades de classe, nos collègues, notre conjoint, les publicités de toutes sortes, le journal du matin et le bulletin d'informations de 18 heures.

Des chercheurs de pointe en étude du comportement disent que jusqu'à 77 % de tout ce que nous pensons est négatif, productif et se retourne contre nous. En même temps, ercheurs en sciences de la santé disent que jusqu'à 75 % de toutes les maladies sont auto-induites. Ce n'est pas étonnant. Et si les chercheurs avaient raison ? Cela signifierait que jusqu'à 75 % ou plus de notre programmation est erronée. Jusqu'à tout récemment, personne ne comprenait suffisamment l'esprit humain – comment il fonctionne vraiment. Par conséquent, en ne sachant pas ce qu'ils faisaient, et ne reconnaissant pas l'immense effet que cette programmation « négligente » avait sur nous, « ils » nous ont programmés de la mauvaise façon. Tout et tous autour de nous, inconsciemment, nous ont programmés.

Malheureusement, la majeure partie de cette programmation était erronée – et nous l'avons prise à cœur. Année après année, mot après mot, le scénario de notre vie a été gravé. Couche par couche, de façon presque indélébile, notre image de soi a été créée. Et puis, nous y avons nous-mêmes participé. Nous avons commencé à croire que ce que nous disaient les autres – et ce que nous nous disions à nous-mêmes – était vrai. Peu importe l'innocence avec laquelle ils étaient prononcés ou la subtilité avec laquelle ils étaient suggérés, nous avons commencé à entendre sans cesse les mêmes mots et les mêmes pensées ; des centaines, même des milliers de fois, on nous a dit, ou nous nous sommes dit à nous-mêmes, ce que nous ne pouvions pas faire, ce que nous ne pouvions pas accomplir. *La répétition est convaincante.* Nous avons fini par croire à ce que les autres nous disaient et à ce que nous nous disions à nous-mêmes ; nous avons commencé à vivre conformément à l'image de nous-mêmes que nous avions créée dans notre esprit.

Avec le temps, nous sommes devenus le reflet de nos croyances les plus profondes. Et ce faisant, nous avons érigé un mur qui, pour la majorité d'entre nous, restera dressé, invisible, mais puissant, entre nous et notre avenir illimité tant et aussi longtemps que notre vieille programmation aura préséance. À moins que cette programmation que nous avons reçue ne soit effacée ou remplacée par une programmation différente, elle demeurera de façon indélébile dans notre esprit et influencera et dirigera tout ce que nous ferons pendant le reste de notre vie.

Heureusement, il n'est pas nécessaire qu'il en soit ainsi.

LE RÉSULTAT FINAL DE NOS PROPRES PENSÉES

J'étais très jeune lorsque j'ai entendu ce passage de la Bible pour la première fois : « Car il est comme les pensées de mon âme. » Je me rappelle avoir secoué la tête et pensé que c'était une aberration. Comment pouvait-il être possible que nous *soyons* ce que nous pensons ? Après tout, notre enveloppe charnelle et nos pensées intimes ne font pas qu'un. J'ignorais (tout comme la majorité des gens à cette époque) que ce passage biblique énonçait une grande vérité. Et ce ne serait que des années plus tard, après beaucoup de recherches et à la suite de découvertes qui ont permis aux neuroscientifiques des temps modernes de commencer à lever le voile sur les secrets de l'esprit humain, que je comprendrais à quel point ce passage biblique était juste – à quel point il était *scientifiquement* juste.

Au cours des deux dernières décennies, nous en avons appris davantage à propos du fonctionnement du cerveau humain que ce qui était connu depuis l'aube des temps. Nous savons maintenant que grâce à un mécanisme physiologique incroyablement complexe, à un effort concerté du corps, du cerveau et de « l'esprit », nous devenons le résultat vivant de nos propres pensées. Les recherches scientifiques ont démontré la relation qui existe entre notre « programmation mentale » et la réussite ou l'échec que nous connaissons quel que soit le projet que nous entreprenons, qu'il s'agisse de quelque chose d'aussi important que le travail de toute une vie ou d'aussi banal que nos tâches quotidiennes.

Avez-vous déjà observé à quel point tout ce que vous faites – votre façon d'agir, votre taux de réussite – dépend d'un conditionnement, de la programmation que vous avez reçue des autres et du conditionnement que vous avez ensuite accepté et continué à entretenir ? Il est virtuellement impossible pour quiconque de faire quoi que ce soit, aussi anodin que cela puisse être, sans subir l'influence de cette programmation. Chaque pas que vous faites, chaque geste que vous accomplissez, ou chaque mot que vous prononcez en est le reflet.

Il s'ensuit que cette programmation influe sur toutes vos actions, quelle que soit leur nature, et ensuite sur le résultat final de celles-ci. Bref, votre taux de réussite dans *tout* ce que vous entreprenez est inexorablement lié aux paroles et aux croyances que vous avez emmagasinées à votre sujet dans votre inconscient. Et ce qui se trouve stocké dans l'inconscient de la majorité d'entre nous a été déterminé par quelqu'un d'autre.

Songez un instant à ce que vous pourriez faire autrement, dès demain, si vous étiez quelqu'un d'autre – quelqu'un dont la programmation serait différente de la vôtre. Ou à ce que vous pourriez faire autrement si vous aviez été élevé avec une série d'attitudes complètement différentes, plus positives – des attitudes, des croyances et des sentiments qui, dans tous les cas, vous garantiraient en abondance la confiance en soi, l'enthousiasme et la réussite ?

QUE POURRAIT VOUS RÉSERVER L'AVENIR ?

Si vous aviez une nouvelle programmation mentale parfaitement équilibrée, feriez-vous ce que vous faites actuellement pour gagner votre vie ? Feriez-vous votre travail de la même façon ? Qu'en serait-il de votre vie personnelle ? Changeriez-vous quelque chose, amélioreriez-vous quelque chose ? Atteindriez-vous davantage d'objectifs ? Auriez-vous davantage d'argent à la banque ou une plus grande sécurité financière ? Qu'en serait-il de votre quotidien – serait-il moins frustrant et plus valorisant ? Et, avec une préparation ou un conditionnement différent, qu'est-ce que l'avenir pourrait vous réserver ? Cet avenir serait-il identique à celui qui se dessine aujourd'hui, ou serait-il meilleur ?

Qu'en serait-il si, jour après jour, depuis votre plus tendre enfance, vous aviez reçu une aide supplémentaire en matière de confiance en soi, si on avait doublé votre détermination, ainsi que votre croyance envers les résultats ? Pouvez-vous imaginer quelles tâches vous accompliriez plus aisément, quels problèmes vous surmonteriez, ou quels buts vous atteindriez ? Après tout, le succès appartient à l'individu. Ce n'est pas le stylo – c'est l'écrivain ; ce n'est pas la piste – c'est le coureur qui compte.

Alors, pourquoi certaines personnes accomplissent-elles pratiquement n'importe quelle tâche avec une plus grande facilité que d'autres. Pourquoi atteignent-elles leurs buts plus aisément et vivent-elles leur vie plus pleinement ? Se pourrait-il que les individus qui semblent plus « chanceux » que les autres n'aient en fait reçu qu'une programmation légèrement supérieure, ou aient peut-être appris à effacer leur ancienne programmation négative pour la remplacer par un conditionnement plus positif ?

Après avoir examiné les philosophies, les théories et les méthodes utilisées pour influer sur le comportement humain, j'ai été choqué de découvrir la simplicité d'un unique petit fait : vous deviendrez ce à quoi vous pensez le plus ; *le succès ou l'échec, dans quelque entreprise que ce soit, petite ou grande, dépendra de votre programmation – de ce que vous avez accepté venant des autres et ce que vous vous dites lorsque vous vous parlez.*

Il ne s'agit plus d'une théorie du succès ; c'est un fait simple, mais puissant. Ni la chance ni l'envie n'entrent ici en ligne de compte. Que vous l'acceptiez *consciemment* ou non ne fait aucune différence. *Le cerveau croit tout simplement ce que vous lui dites le plus souvent.* Et ce que vous lui dites à propos de vous, il le *créera.* Il n'a pas le choix.

À l'époque où j'ai constaté que cette simple piste pouvait conduire à une découverte capitale dans le domaine de l'attitude individuelle et du rendement, la majeure partie de ce que nous croyions comprendre à propos du cerveau humain n'était encore que spéculation. Les chercheurs en sciences de la santé et les neuroscientifiques n'avaient pas encore exploré ou cartographié le labyrinthe du cerveau tel que nous le connaissons aujourd'hui. Très peu des mystères électrochimiques complexes du cerveau étaient pleinement compris. Même aujourd'hui, le cerveau commence à peine à nous livrer ses secrets. De nouveaux progrès sont faits chaque jour et les chercheurs ont appris à escompter une succession sans fin de nouvelles découvertes stupéfiantes.

Mon excitation était justifiée lorsque j'ai redécouvert cette ancienne vérité qui nous dit que « ce que nous pensons est ce que nous devenons ». Il y avait des dizaines de milliers de croyants dévots qui, par le biais d'une religion ou d'une autre, professaient la même « vérité ». Je suppose qu'il était inévitable à leurs yeux que la recherche scientifique corrobore un jour leur affirmation : c'est-à-dire que nous contrôlons avec notre esprit presque tout ce qui compose notre vie, incluant notre santé, notre carrière, nos relations personnelles et notre avenir.

En ce qui me concerne, c'est la compréhension scientifique de la façon dont le processus fonctionne qui a éveillé mon intérêt. *Qu'arriverait-il*, me suis-je demandé, *si nous pouvions commencer à comprendre le fonctionnement de l'esprit de façon si exhaustive que nous pourrions vraiment comprendre comment modifier ou annuler notre vieille programmation et la remplacer par un nouveau programme précis et sur mesure ?* Et qu'arriverait-il si nous pouvions le faire d'une manière qui influerait sur nos attitudes et notre comportement et nous permettrait de les améliorer rapidement – non pas pendant des années d'études ou d'entraînement ardu, mais aisément et simplement, au moment où nous choisissons de le faire ?

C'est exactement ce que le cerveau fera. Une compréhension de cette simple fonction de notre ordinateur personnel – le cerveau humain – est ce qui manque dans la majorité des livres et des discours de motivation. Une compréhension de cette simple exigence de notre mécanisme mental peut nous aider à apporter un changement simple, mais vital à la façon dont nous acceptons la programmation effectuée par les autres – et, plus important encore, à la teneur de notre monologue intérieur.

Chapitre 3

Ce qui fonctionne et ce qui ne fonctionne pas

La découverte de toute nouvelle chose de valeur est excitante. Et tout comme nous rêvions, enfant, de trouver un coffre rempli de pièces d'or et de fabuleux bijoux, il y a une partie de nous qui continue à chercher le trésor. Mais au lieu de chercher des rubis et de l'or, je me suis mis en quête d'une clé unique et importante – une clé qui déverrouillerait une porte qui, je le savais, s'ouvrirait sur une vie meilleure pour un grand nombre d'entre nous.

Je cherchais quelque chose qui, je le sentais, manquait dans les livres, les messages et solutions proposés par tous ceux qui m'avaient précédé. Il est devenu évident à mes yeux que si les solutions finales menant à une vie meilleure, à un plus grand bonheur et à l'épanouissement personnel avaient déjà été découvertes, alors c'est qu'*il manquait quelque chose de vital*; quelque chose qui était si essentiel, si important pour l'ensemble du processus de l'atteinte du succès que, sans cet élément, les autres solutions ne fonctionneraient pas, du moins pas de façon durable.

J'ai commencé à penser que cet « ingrédient manquant » pourrait bien être la colle qui, pour la première fois, lierait tous les autres éléments du succès et de l'épanouissement personnel.

Il a suffi que je regarde autour de moi pour comprendre que mes premières hypothèses étaient justes : même les « recettes » du succès les plus populaires n'avaient apporté des changements *durables* que chez une poignée des dizaines de milliers de personnes qui avaient tenté de les appliquer. Elles fonctionnaient un certain temps et puis l'individu moyen revenait à ses vieilles habitudes. Une fois que l'excitation initiale de cette toute nouvelle confiance en soi commençait à s'estomper, les rêves faisaient rapidement place aux réalités de la vie quotidienne.

Étant donné que c'est l'ancienne programmation qui contrôle les habitudes, ce sont les vieilles habitudes qui reprennent le dessus. Le nouvel objectif qui consiste à conquérir le monde et à apporter de grands changements (un objectif qui était si attrayant dans le livre) est abandonné et remis à plus tard. Je préférerais être plus optimiste, mais combien de gens connaissez-vous qui ont vraiment pris leur vie « en main » (qui « réussissent à réussir »), jour après jour, année après année ? Il a bien sûr été prouvé qu'il n'est pas impossible de connaître une existence bien remplie et satisfaisante, jour après jour – toutefois, c'est très inhabituel.

Donc, même si l'on nous a dit que nous pouvons tous très bien réussir dans la vie et que l'on nous a donné des directives précises pour y arriver, très peu d'entre nous ont atteint cet objectif. Du moins pas plus de quelques semaines ou de quelques mois. Et puis, nous revenons à nos vieilles habitudes, tout comme avant, et nous vivons comme nous avons toujours vécu, avec peut-être de légères améliorations, mais en nous demandant pourquoi nous ne nous en tirons pas aussi bien que nous le devrions.

Même les meilleures idées que nous trouvons dans les succès de librairie, même celles qui semblent infaillibles, ne seront efficaces que pendant un certain temps et puis perdront lentement de leur importance dans notre vie. Les idées excitantes, les grandes percées et inspirations pour l'esprit, qui semblaient avoir tant à offrir, sombrent dans l'oubli une fois le livre lu et rangé sur une étagère.

Se pouvait-il, me suis-je demandé, *que l'ingrédient manquant que je cherchais se trouve en quelque sorte relié à notre programmation individuelle ?* Afin de trouver cette réponse, et d'apprendre ce qui *fonctionne*, j'ai décidé qu'il serait utile de comprendre d'abord ce qui ne fonctionne pas – et pourquoi.

SUR LA PISTE D'UNE SOLUTION SENSÉE

De tous les concepts d'auto-assistance que j'ai découverts, celui de la « programmation » du cerveau avec une « nouvelle image » d'un moi plus à même de réussir est la plus sensée. Je ne suis pas le premier chercheur ou auteur comportementaliste à comprendre ce fait. D'autres avant moi sont arrivés à la même conclusion, c'est-à-dire que tout ce qu'on laisse pénétrer dans notre esprit – *d'une manière ou d'une autre* – est ce que nous récolterons plus tard – *d'une manière ou d'une autre.*

Bien que tous les auteurs dans le domaine du développement personnel ne soient pas arrivés aux mêmes conclusions (et ce, parce qu'ils ont abordé le problème sous un autre angle), il y en a qui ont enseigné à des millions de gens la manière de connaître une vie meilleure – sinon de façon permanente, du moins pendant un certain temps. Et pendant qu'ils guidaient les autres vers le bonheur et une vie plus riche, j'étais occupé à étudier les grandes philosophies du succès. Et puis, j'ai commencé à analyser pourquoi seulement quelques-uns des principes du succès étaient efficaces et pourquoi la majorité d'entre eux ne l'étaient pas.

J'ai étudié les philosophies du succès, analysé des listes de directives – les conseils « concrets » pour gagner davantage d'argent, devenir un meilleur gestionnaire, perdre du poids, surmonter la dépression, dénicher un meilleur emploi, fixer des objectifs, vivre avec les autres, gérer son temps ou tout simplement « connaître davantage de succès ». J'ai moi-même testé les techniques du succès et j'ai parlé à des dizaines de personnes de tous les horizons qui avaient fait la même chose. J'ai longuement discuté avec des leaders de l'industrie du succès – des entreprises dont la mission est de nous vendre le succès.

J'ai parlé à des clients qui assistent à leurs séminaires, lisent leurs livres ou écoutent leurs disques compacts. Pour découvrir ce qui « fonctionne » vraiment, et ce qui ne fonctionne pas, je me suis immergé dans le monde du succès et j'ai examiné à la loupe chacune des facettes de ce domaine fascinant. J'ai consulté les leaders de l'industrie. J'ai analysé leurs méthodes, leurs systèmes et leurs « solutions ».

Tout au long de ces années d'observation, de mise en application des techniques et d'analyse des résultats obtenus par les autres, j'ai continué à me poser cette question : s'il existe tant de *bonnes* solutions, alors pourquoi ne permettent-elles pas d'apporter des changements *permanents* dans notre vie ? Par exemple, pourquoi tant de gens qui lisent un livre sur un sujet aussi valable que la « pensée positive » décident-ils de penser différemment, mais finissent quand même, six mois plus tard, par penser à nouveau comme ils le faisaient avant cette lecture ? Finalement, quelques conclusions à propos des « progrès personnels » me sont apparues clairement :

1) La majorité des auteurs sont sur la bonne voie. En général, ils semblent être des individus sincères et bienveillants – croyant vraiment au mieux-être de tous.

2) Si vous suivez leurs conseils, la majeure partie d'entre eux vous aideront.

3) Si vous cessez de suivre leurs conseils, leur efficacité cessera invariablement. Certains des « principes du succès » que j'ai étudiés sont efficaces (sans efforts continus) plus longtemps que d'autres. Cependant, rien de ce que vous lisez une fois n'est permanent ; aucun des programmes d'autonomie ne donne des résultats sans renforcement constant.

TRENTE ANS DE CONSEILS « PRATICO-PRATIQUES »

Vous connaissez peut-être le genre de concepts « d'efforts personnels » dont je parle. Au cas où vous n'auriez pas passé beaucoup de temps à lire des ouvrages d'auto-assistance au cours des 20 ou 30 dernières années, je vais vous offrir un résumé de leurs enseignements les plus populaires. Leurs auteurs disent que pour connaître davantage de succès, vous devez :

Croire en vous-même
Respecter l'ordre de vos priorités
Assumer vos responsabilités
Façonner votre propre avenir
Vous concentrer sur ce que vous voulez
Apprendre à visualiser l'atteinte de vos buts
Ne jamais laisser personne contrôler votre destinée à votre place
Faire preuve de créativité
Viser haut
Contrôler le stress
Être dynamique et sûr de vous
Penser positivement
Tracer votre propre voie
Vous fixer des buts précis et les réviser souvent
Passer un peu de temps chaque jour à améliorer votre esprit, à évaluer vos résultats et à apporter les ajustements nécessaires
Être tolérant
Tout faire avec amour
Ne pas céder à la haine
Avoir du courage
Reconnaître que presque tout ce que vous croyez à propos de la vie n'est qu'illusion
Être honnête
Travailler dur
Croire que l'argent est bon et ainsi l'attirer à vous
Avoir la foi

Accomplir vos tâches dans la joie
Être fort
Témoigner de l'affection aux autres
Gérer votre temps
Être élégant
Apprendre à vous vendre
Prendre des congés
Croire en un « moi supérieur »
Manger sainement
Vivre prudemment
Chercher l'aide des gens qui partagent les mêmes buts que vous
Aider les autres
Rester motivé
Méditer
Être optimiste
Avoir confiance en autrui et être digne de confiance
Reconnaître que le succès a davantage de valeur que l'argent
Être aimable
Avoir une « vue d'ensemble »
Vous soucier des détails
Être méthodique
Ne rien remettre au lendemain
Garder le contrôle
Maintenir la forme
Voir les problèmes comme des « occasions »
Apprendre tout ce que vous pouvez concernant votre emploi
Ne pas avoir peur du succès
Être généreux avec les autres
Croire en Dieu
Vous élever un peu plus haut que ce que vous croyiez possible
Avoir de l'ambition
Passer à l'action
Ne jamais abandonner

Si vous faites tout cela, m'a-t-on dit, vous « réussirez ».

Même sceptique, j'ai dû m'incliner. Si l'on combine le meilleur de tous les enseignements d'auto-assistance ou d'auto-amélioration disponibles, il est clair qu'ils nous livrent la plupart des « clés du succès ».

Si cela est vrai – et je crois que c'est le cas – alors qu'est-ce qui ne va pas ? Si ces principes, même accompagnés de directives détaillées, nous sont présentés clairement, pourquoi avons-nous alors besoin de livres, de solutions et de rappels supplémentaires ?

Il n'y a pas si longtemps, on a estimé la valeur du matériel d'auto-assistance vendu aux États-Unis seulement à plus d'un milliard de dollars ! Malgré tout, que manque-t-il ? Quelle composante est absente ? Qu'est-ce qui permettrait d'achever le puzzle et d'offrir à chacun de nous le succès et une satisfaction durables ?

LES INGRÉDIENTS MANQUANTS

Dans le cadre de mon analyse de ce qui fonctionne et de ce qui ne fonctionne pas, j'ai découvert trois ingrédients qui sont nettement absents de presque toute la documentation consacrée au succès.

1) Le premier ingrédient manquant est la *continuité*. Toutes les solutions « externes » sont *temporaires*. Même les meilleures idées ne fonctionnent que pendant un certain temps. Sans une attention et des efforts constants, même les découvertes capitales en matière de succès font leur temps et finissent par figurer sur notre liste de « bonnes idées » et de « bonnes intentions ». Très peu d'entre elles, s'il en est, proposent des ressources qui en assurent la durabilité. Je n'ai pas encore trouvé cet ouvrage qui quittera son étagère et qui me tapera sur l'épaule chaque matin en disant : « Hé ! Tu te souviens de moi ? Tu te rappelles ce que je t'ai enseigné ? Pourquoi as-tu laissé tomber ? »

2) Le deuxième ingrédient qui manque dans la majeure partie de la documentation consacrée au succès est *une connaissance des mécanismes physiologiques du cerveau humain – basée sur ce que nous connaissons actuellement des fonctions cérébrales et de l'esprit.* Sans une compréhension précise du processus par lequel le cerveau humain accepte l'information (la programmation) et, ensuite, réagit et nous guide et nous contrôle, il serait difficile (voire impossible) d'élaborer un plan du succès qui serait efficace et qui le demeurerait indéfiniment.

   C'est le cerveau qui pilote le navire. Si vous voulez apporter quelque changement que ce soit, vous devez suivre les règles. Si vous voulez apporter un changement de façon permanente, vous devez le faire conformément au fonctionnement de votre cerveau.

3) Le troisième ingrédient manquant, qui est également le plus important de tous, est une nouvelle série de directives explicites, une nouvelle programmation du subconscient (le centre de contrôle du cerveau). Cela entraînerait la création d'un « langage de programmation » spécifique, formulé de façon précise, que tout le monde pourrait utiliser en tout temps afin d'effacer son ancienne programmation et de la remplacer par de nouvelles directives positives et productives.

La seule solution qui englobe les trois ingrédients manquants s'appelle le « monologue intérieur ».

Pensez un instant à certaines des choses que vous aimeriez accomplir au cours de votre vie – ou encore à de petits détails que vous aimeriez changer dès maintenant. Votre objectif pourrait être de gagner davantage d'argent, d'avoir une vie familiale plus harmonieuse, d'améliorer vos habiletés, de mieux réussir dans vos études, d'avoir un meilleur rendement au travail – peu importe.

Quel que soit le moyen que vous utiliserez pour apporter ce changement, vous devrez d'abord commencer par modifier votre ancienne « programmation », c'est-à-dire les années de conditionnement qui font en sorte que vous conservez vos anciennes habitudes. Sinon, il est probable que vous échouerez – ou que le changement ne soit pas durable.

Chapitre 4

De nouvelles découvertes

Au cours des dernières décennies, les neuroscientifiques ont confirmé qu'une grande partie de ce que nous soupçonnions à propos du cerveau humain est vraie : son fonctionnement est très similaire à celui de l'ordinateur personnel. Ce n'est pas aussi simple, bien entendu. Tout d'abord parce que le cerveau est beaucoup plus puissant, à bien des égards, que les ordinateurs les plus performants que nous ayons créés. Même si le cerveau humain adulte ne pèse qu'environ 1 500 grammes et que cette masse grise ressemble davantage à un chou-fleur qu'à un ordinateur de table, il fonctionne en grande partie comme les ordinateurs fabriqués par l'homme.

En des termes non techniques, précisons qu'un ordinateur a trois composantes de base : un moniteur, un clavier ou un écran tactile et un disque dur ou disque-programme. Le *moniteur* est ce dont nous nous servons pour visualiser la programmation que nous avons entrée dans l'ordinateur. Le moniteur affiche également les résultats – l'information que nous voulons que l'ordinateur conserve pour nous.

Le *clavier* ou l'écran tactile est ce dont nous nous servons pour taper les directives et les informations que nous donnons à l'ordinateur. Et le *disque dur* est l'unité de stockage qui garde l'information en mémoire. Toutes les données que nous enregistrons ou programmons resteront là à tout jamais à moins que quelqu'un ne les modifie ou ne les efface complètement, ou encore ne les remplace par de nouvelles informations.

Le cerveau de chacun d'entre nous a des composantes similaires.

Chez nous, le moniteur peut se comparer à notre apparence et à nos actions – ce que nous « affichons » aux yeux du monde qui nous entoure.

Nos cinq sens représentent le clavier. Tout ce que nous entendons, voyons, goûtons, touchons ou sentons – et tout ce que nous nous disons à nous-mêmes – est « programmé » dans notre cerveau par le biais de notre clavier : nos cinq sens.

Un ordinateur personnel est muni d'un disque dur (ou d'une unité de mémoire quelconque) qui permet l'enregistrement des programmes et des données qui sont entrés au moyen du clavier. Chez l'être humain, le disque dur est le *subconscient.* Toutes nos expériences sont consignées – programmées – dans notre subconscient.

Dans cette analogie, il est important de comprendre que tout ce qui est programmé dans notre ordinateur « mental » personnel l'est de façon *permanente.* Ce qui veut dire que toute la programmation que nous avons reçue jusqu'à maintenant est tout aussi importante et permanente que n'importe quel « programme » qui a été entré dans les plus puissants ordinateurs fabriqués par l'homme.

LE CENTRE DE CONTRÔLE

Pour simplifier le processus complexe qui explique comment et pourquoi la programmation de notre cerveau exerce une telle influence sur nous, faisons en imagination un bref survol de son centre de contrôle. C'est la partie du cerveau où les commandes sont reçues et où tous les ordres sont distribués – la partie du cerveau qui fait en sorte que nous nous sentons bien, travaillons dur et accomplissons nos tâches. Et lorsque ces ordres sont mal gérés, nous fonctionnons au ralenti, nous appréhendons les résultats et nous sombrons dans l'inertie.

Imaginez que vous vous trouvez dans le centre de contrôle de votre cerveau, devant un mur qui est entièrement couvert de dizaines de milliers de commutateurs.

Une partie de ces commutateurs contrôle votre humeur. D'autres agissent sur votre santé. Et d'autres encore contrôlent respectivement vos émotions, vos habiletés de planification, vos espoirs et vos rêves. Une autre section est responsable de la façon dont vous vous comportez, dont vous bougez, vous assoyez, vous levez, marchez, regardez, parlez, réagissez et répondez. Tout ce qui a trait à vous – votre mémoire, votre jugement, votre attitude, vos craintes, votre créativité, votre logique et votre esprit – est contrôlé au moyen de ces commutateurs qui se trouvent dans votre centre de contrôle mental.

Lorsqu'une commande est transmise au centre de contrôle, des directives précises sont envoyées à la section appropriée de commutateurs. En l'espace d'une fraction de seconde, certains de ces commutateurs sont alors activés ou désactivés.

À l'intérieur du cerveau lui-même, un réseau composé de centaines de milliards de neurones, ainsi que des commutateurs électrochimiques appelés neurotransmetteurs, télégraphient des messages à toutes les sections du cerveau, sélectionnant le bon panneau de commutateurs qui alors « activent » ou « désactivent » certaines parties de nous.

Les centres de réception chimiques infiniment petits du cerveau réagissent à des signaux électrochimiques presque imperceptibles qui dégagent dans notre cerveau, notre système nerveux central et notre corps des substances chimiques pratiquement impossibles à mesurer, mais extrêmement puissantes – et qui à leur tour exercent un contrôle et une influence sur tout ce que nous faisons.

Notre cerveau a la responsabilité de prendre soin de nous. Il le fait en sondant constamment nos besoins et en ordonnant aux diverses parties de nos systèmes de prendre les mesures nécessaires. Le cerveau réagit automatiquement à chacune des commandes électriques, chimiques, mentales et physiques, que lui envoie notre inconscient – des commandes qui ont principalement pour but de nous garder en vie.

LES IMPULSIONS ÉLECTRIQUES BIOCHIMIQUES APPELÉES « PENSÉES »

Mais le cerveau répond également, et encore une fois automatiquement, à un autre type de commandes – des impulsions électriques exceptionnellement convaincantes qui activent ou désactivent ses commutateurs. Ces impulsions électriques, ces commandes mentales spéciales qui nous dirigent et nous contrôlent, sont appelées *pensées*.

Chaque pensée qui nous traverse l'esprit, tout ce que nous nous disons à nous-mêmes consciemment ou inconsciemment, est traduit en impulsions électriques qui, ensuite, ordonnent au centre de contrôle de notre cerveau d'exercer électriquement et chimiquement une influence et un contrôle sur chacun de nos mouvements, sur tous nos sentiments, sur tous les gestes que nous faisons, à chaque instant de chaque jour.

Toutes les « pensées » que vous avez programmées en vous, ou que vous avez permis à d'autres de programmer en vous, influencent, dirigent et contrôlent tout ce qui vous concerne. Depuis notre naissance, nous avons emmagasiné une quantité stupéfiante de données de programmation. Un immense ordinateur serait nécessaire pour uniquement calculer toutes ces données que nous recevons du monde qui nous entoure en une seule année. Une partie de cette programmation est évidente, mais nous ne sommes même pas conscients d'avoir stocké la majeure partie de celle-ci.

Les programmes évidents sont composés des commentaires, des questions et des énoncés qui nous sont adressés directement.

Nos parents et d'autres adultes nous ont dit ce que nous pouvions faire et ce que nous ne pouvions pas faire. On nous a dit en quoi nous excellions et en quoi nous étions incompétents. On nous a dit comment regarder le monde. On nous a dit à quoi nous attendre, à quoi croire, comment agir, quoi faire et ne pas faire. Et parce que, enfants, nous dépendions entièrement des autres et qu'il était important pour notre survie de les écouter et de croire à ce qu'ils disaient, nous avons appris à accepter leurs propos – et nous avons appris à y croire.

Chapitre 5

Nous apprenons à croire

Ce que les adultes nous disent pendant notre enfance a un effet incroyablement important sur nous. Leur discours façonne les croyances que nous avons à propos de presque tout ce qui se passe autour de nous et de presque tout ce que nous finissons par croire à notre sujet.

Je me rappelle encore cette époque où, à l'école primaire, je voulais plus que tout apprendre à jouer d'un instrument de musique et faire partie de la fanfare. Avec 10 ou 12 élèves de ma classe, j'ai décidé de passer une audition. Lorsqu'on m'a prêté un instrument de musique qui m'était totalement étranger et que j'ai tenté d'en tirer quelque chose qui ressemble à de la musique devant le chef de la fanfare, mon professeur et d'autres étudiants, j'ai été remercié.

Je savais que je ne m'en étais pas bien tiré. Mais c'est une heure plus tard, lorsque le dernier élève a auditionné, que j'ai entendu le chef de la fanfare dire à mon professeur que non seulement je ne jouerais pas dans la fanfare, mais qu'en plus je n'avais aucun talent musical et ne serais jamais capable de jouer d'un instrument de musique ! Quelle incroyable programmation pour un garçon de 12 ans qui, de tout son cœur, voulait apprendre à jouer d'un instrument de musique !

Cela a fonctionné. J'ai entendu quelqu'un dire que je n'avais aucun talent musical et je l'ai cru. J'ai accepté *comme un fait* cette absence de talent et je me suis persuadé qu'il en serait toujours ainsi. Ce n'est que des années plus tard que j'ai finalement trouvé le courage de louer un piano, d'apprendre quelques notes et d'en jouer lorsque personne n'était près de moi pour me rappeler que j'étais incapable de jouer d'un instrument de musique. Il m'a fallu des années pour effacer cette programmation – même si elle était tout à fait erronée au départ. J'ai appris, après une vingtaine d'années de frustration, que le chef de la fanfare de mon école avait tort. Mais je l'avais cru.

Voici un autre exemple, à l'opposé. Le jeune Michael, à l'âge de six ans, rendait souvent visite à un vieil homme du voisinage pour bavarder pendant l'après-midi. Un soir, il se trouvait au sommet de l'escalier, prêt à aller au lit, hors de vue, mais assez près pour entendre ce qui se passait en bas. Le voisin s'était arrêté en passant. Le petit Michael a entendu le vieil homme dire à sa mère qu'il était inventif, et qu'il savait que Mike ferait des choses très créatives lorsqu'il serait grand.

Des décennies plus tard, Mike Vance, devenu consultant et ayant travaillé auprès de grandes entreprises à travers le monde, s'est démarqué comme le plus grand coach dans le domaine de la créativité aux États-Unis ! Le petit Michael avait entendu par hasard un petit « programme » à propos de lui-même. Et il y avait cru.

Malheureusement, seule une infime partie de notre programmation nous est aussi bénéfique. Pouvez-vous imaginer le nombre de fois que certains enfants entendent des propos innocents, mais irréfléchis tels que « tu ne feras jamais rien de bon », ou « ce sport », « cette carrière », « cette personne » ou « ce rêve » n'est pas *fait* pour toi. Imaginez seulement ce que ces jeunes esprits enthousiastes et ouverts perçoivent et croient.

LE CONDITIONNEMENT EFFECTUÉ INCONSCIEMMENT PAR LES AUTRES

Une fraction de notre programmation est évidente. Elle s'impose, attire notre attention et exige une réaction de notre part. Mais la majeure partie de notre programmation est loin d'être aussi apparente et a été effectuée sans que nous nous en rendions compte.

Chaque jour, nous recevons tous un flux sans fin de commandes, de directives, d'ordres, d'incitations et d'attentes de la part des autres. Autour de nous, tout pousse, exige ou persuade. Même à l'âge adulte, nous devons faire face à un torrent d'influences dont, en général, nous n'avons même pas conscience. Nous sommes des navires pilotés par d'innombrables capitaines qui cherchent tous à nous entraîner sur leur trajectoire, à leurs propres fins, et souvent sans même savoir qu'ils nous font dériver.

Tant et aussi longtemps que vous et moi permettrons aux autres de nous programmer à *leur* gré, il est indéniable que nous ne pourrons exercer aucun contrôle, que nous serons captifs des caprices d'un destin inconnu, sans même reconnaître que c'est la création de notre propre avenir qui est en jeu.

Pourquoi tant de thérapeutes font-ils remonter leurs patients jusqu'à leur enfance, jusqu'au moment où le problème est apparu ? Parce que c'est à ce moment-là que leurs croyances sont nées. C'est à ce moment-là que la peur, la blessure ou leur identité personnelle s'est installée. Pendant les premières années de notre vie, nous façonnons une image composite de nous-mêmes. Nos expériences, notre acceptation des opinions d'autrui et de ce que nous nous sommes dit à nous-mêmes sont devenus le fondement de la programmation mentale qui nous gouverne aujourd'hui.

Bien entendu, cette programmation n'est pas entièrement mauvaise. Une bonne partie de celle-ci est même très bonne. La majorité d'entre nous a reçu de l'amour et de l'affection. Et la majorité d'entre nous a de temps en temps été touchée par des visions positives de confiance en soi. Nous avons eu des parents qui ont masqué leurs doutes par des encouragements. Nous avons eu des entraîneurs, des professeurs, des amis très optimistes. En grandissant, nous avons tous connu de temps en temps des épisodes de succès.

Mais dans le meilleur des cas, seule une partie de nos programmes de vie ont travaillé *pour* nous. Imaginez ce que vous pourriez faire si vous pouviez neutraliser les programmes qui sont logés dans votre subconscient, ceux qui travaillent encore contre vous, et les remplacer par un *nouveau* programme revigorant composé de croyance absolue – un nouveau programme automatique, presque inconscient, qui serait à votre service – remplaçant les obstacles par une nouvelle vision de la vie qui se trouve devant vous.

J'ai déjà demandé à une femme qui avait perdu 55 kilos comment elle se sentait après avoir atteint son but. Elle m'a répondu: «Je me sens comme si j'avais perdu 55 kilos!» J'ai compris sa joie. Lorsque vous irez dans un établissement de santé ou un gymnase, dirigez-vous vers la section d'haltérophilie et essayez de soulever un poids de 55 kilos! Imaginez perdre, ne serait-ce que pendant une seule journée, tout le poids excédentaire des doutes et du scepticisme que vous transportez. Imaginez à quelle vitesse vous pourriez courir! Imaginez ce que vous pourriez faire, dès demain, si les entraves de vos mauvaises habitudes, de votre vieux conditionnement et du doute disparaissaient soudain.

Comme vous l'avez sans doute deviné, je ne vous ai pas guidé jusqu'ici uniquement pour vous dire que ce genre de liberté est impossible ou hors de notre portée. Non seulement pouvez-vous accéder à cette liberté, mais vous êtes également sur le point de découvrir qu'il existe quelques étapes pratiques que vous pouvez franchir pour faire de la liberté d'un esprit autonome une composante permanente de votre vie quotidienne.

Vous avez déjà tout l'équipement nécessaire. Vous êtes né avec tout ce dont vous avez besoin pour vivre une vie des plus exceptionnelles et valorisantes, peu importe ce que vous avez pensé ou fait dans le passé. À compter d'aujourd'hui, vous pouvez, si vous en faites le choix, changer un peu et gagner gros.

VOTRE ORDINATEUR DE BORD PERSONNEL

Plus tôt, nous avons vu comment la programmation que chacun de nous a reçue était souvent erronée ; que jusqu'à 75 % ou plus de tout ce qui a été enregistré et emmagasiné dans notre subconscient est contre-productif et travaille contre nous – bref, nous sommes programmés pour ne *pas* réussir !

Supposons que je vous téléphone ce soir pour vous dire que j'ai un avion à réaction d'affrété afin d'aller en Europe, et que je vous invite à m'accompagner, vous et les membres de votre famille ! Nous nous envolerons tous vers l'Europe pour un fabuleux séjour de deux semaines (toutes dépenses payées, bien sûr) !

Mais supposons maintenant qu'au moment de monter dans l'avion, nous entendons le navigateur parler avec le pilote. Il lui dit que l'ordinateur de bord – l'ordinateur qui maintient l'avion en vol – est *mal programmé* ; 75 % des données qui y ont été emmagasinées sont erronées !

Sachant que l'ordinateur de bord de l'avion est mal programmé, que ferez-vous ? Vous ne *monterez pas* ! Vous ne voudrez certainement pas voyager dans un appareil qui est gouverné par un mauvais programme informatique. Car vous sauriez que l'avion ferait l'une de deux choses : atterrir au mauvais endroit (une pensée qui n'est pas réjouissante lorsqu'on survole l'Atlantique) ou s'*écraser* !

Et c'est exactement le genre de programme que la majorité d'entre nous a. Il n'est pas étonnant que les choses aillent mal ! Nous rêvons, espérons, essayons, luttons, approchons du but, ratons la cible et échouons ! Il n'est pas étonnant que nous voulions retirer davantage de la vie, résoudre davantage de problèmes ou atteindre davantage de buts – mais il semble que nous n'en sommes jamais capables. Nous avons un *mauvais* programme ! *Nous tentons d'atteindre nos buts en nous fiant à un ordinateur de bord personnel qui nous freine !*

Souhaitez-vous vivre avec un mauvais programme ? Souhaitez-vous être à la merci d'un programme dont vous ne voulez pas pendant le reste de votre vie ? Rien ne vous y oblige. Vous pouvez neutraliser presque tout le conditionnement que vous avez reçu, dans tous les domaines de votre vie. Ce qui a composé votre passé ne fait absolument aucune différence. Ce que vous avez cru à propos de vous-même ou l'opinion que les autres ont eue de vous ne fait aucune différence. Les circonstances qui vous ont bousculé dans la vie ne font aucune différence. Vous pouvez prendre le contrôle de vous-même. C'est maintenant à votre tour.

Vous pouvez vous *reprogrammer*. Vous pouvez effacer votre ancienne programmation négative, contre-productive et néfaste et la remplacer par une programmation saine, nouvelle, positive et *productive*. Et c'est facile. *Effacez et remplacez.* Il suffit d'apprendre à vous parler.

UNE SÉRIE DE NOUVELLES DIRECTIVES

Si nous changeons notre attitude et notre comportement uniquement en modifiant notre programmation, alors aucun d'entre nous n'aura plus à lutter dans la vie à cause d'un conditionnement qui nous entrave et nous freine. Si nous pouvons seulement apprendre à donner de nouvelles directives précises et productives à notre esprit, alors nous avons une chance d'obtenir de bons résultats – des résultats durables.

Lorsque j'ai compris que nous pouvions apporter des changements dans notre vie en modifiant notre programmation, j'ai constaté pour la première fois une fissure dans le mur composé de 148 000 négations, appréhensions et incertitudes destructrices qui se dressent devant chacun d'entre nous. J'ai commencé à croire que ce qui nous freine et nous anéantit peut à son tour être anéanti. J'ai commencé à réaliser qu'un nouvel avenir excitant était sur le point de devenir possible pour quiconque se trouvait derrière le mur, attendant de le franchir.

Quelle formidable décision que de surmonter cet obstacle ! Nous pouvons tous le faire. Une fois que nous savons de quoi est véritablement fait ce mur, nous pouvons le franchir.

CHAPITRE 6

Le mur

Nous nous parlons tous constamment à nous-mêmes. Notre monologue peut prendre la forme de paroles énoncées à voix haute ou de seules pensées. Il peut prendre la forme de sentiments, d'impressions ou même de réactions physiques silencieuses – ce serrement dans la poitrine que l'on ressent lorsqu'on est surpris ou effrayé, ou cette montée d'adrénaline qui accompagne l'excitation ou la joie. Nous sommes des machines pensantes qui ne se taisent jamais. Depuis notre enfance, nous avons observé, écouté, filtré, trié, analysé, jugé, catalogué et emmagasiné tout ce qui nous concerne.

La majeure partie de notre monologue intérieur se déroule dans notre inconscient; nous ne nous en rendons même pas compte. Parfois, il se manifeste par des sentiments qui peuvent difficilement être exprimés avec des mots. Et parfois, il se manifeste sous forme de petits éclairs, d'étincelles de pensées qui ne prennent jamais vraiment feu ni ne luisent suffisamment ou assez longtemps pour devenir des idées, clairement réfléchies et comprises.

Toutes nos pensées, toutes les images qui défilent dans notre esprit, sont toujours liées à quelque chose que nous connaissons. Lorsqu'on vous propose une nouvelle pensée ou une nouvelle image à laquelle vous n'aviez jamais réfléchi ou que vous n'aviez encore jamais imaginée, votre cerveau trouvera immédiatement dans votre esprit quelque chose à quoi relier cette nouvelle information, de manière à lui donner un sens et à vous aider à la comprendre.

Chaque nouvelle pensée qui pénètre dans votre esprit doit trouver quelques anciennes pensées auxquelles se rattacher, un endroit propice où se loger. Lorsqu'on vous dit quelque chose de nouveau, votre cerveau, en une fraction de seconde, scannera littéralement des millions de classeurs remplis de toutes les idées, pensées et impressions que vous y avez rangées. Pendant cette même fraction de seconde, en se basant sur l'information déjà emmagasinée dans vos classeurs mentaux, votre cerveau vous enverra un télégramme instantané et vous indiquera comment vous sentir à propos de cette nouvelle pensée, l'endroit où la classer et si vous devez l'accepter, y croire, la conserver et l'utiliser, ou encore la désapprouver, ne pas y croire et la rejeter.

Plus nous croyons à quelque chose, plus nous accepterons d'autres idées similaires. Plus nous avons de dossiers dans nos classeurs mentaux, des données qui nous disent quelque chose à propos de nous-mêmes, plus nous attirerons et accepterons d'autres pensées et idées qui viendront les étayer et les prouver. Plus vous pensez à vous d'une certaine manière, plus vous penserez à vous *de cette même manière*! Plus vous penserez à *quelque chose* d'une certaine manière, plus vous croirez que *cela* est la réalité. L'esprit fonctionne ainsi parce que le cerveau essaie toujours de lier toute *nouvelle* chose à laquelle vous pensez à une autre chose en laquelle vous croyez déjà.

Sachant cela, on comprend mieux pourquoi il est difficile d'enseigner de nouveaux tours à de vieux chiens, de changer d'avis ou de nous défaire d'idées bien ancrées. On comprend également pourquoi plus longtemps on croit en quelque chose, plus il est difficile de modifier cette croyance. *Plus longtemps vous avez accepté une idée, plus elle vous semble « vraie »*.

Dans notre centre de contrôle mental, nous remplissons à craquer les dossiers qui appuient ce que nous nous sommes dit le plus souvent, et nous rejetons tout ce qui vient contredire ces données. Et entre-temps, nous nous gardons occupés, dans l'ignorance la plus totale de ce qui aurait pu faire une différence dans notre vie; dans l'ignorance de quelque chose qui nous concerne et qui s'appelle *la vérité*.

UN MUR DE MONOLOGUE INTÉRIEUR *NÉGATIF* QUE NOUS AVONS NOUS-MÊMES ÉRIGÉ

Au cours de toutes les années que j'ai consacrées à chercher une solution dans ma quête d'une voie plus pratique conduisant à une auto-amélioration durable, j'ai remarqué que bien que la majeure partie du monologue intérieur se fasse inconsciemment ou passe inaperçu, il arrive qu'il soit aveuglément évident et, sans surprise, manifestement négatif. Bien que j'aie constaté que le monologue intérieur de certaines personnes était constructif et bénéfique, c'était en règle générale le contraire – un monologue intérieur contre-productif et négatif.

Chaque fois que j'entendais un exemple de ce genre de monologue intérieur « négatif », j'en prenais note. Avec le temps, j'ai dressé une liste d'énoncés que les gens se disent à eux-mêmes – chaque jour. La majorité des gens qui entretiennent un monologue intérieur négatif ne s'en rendent pas compte. Et très peu d'entre eux, s'il en est, sont conscients du pouvoir de la programmation – de la programmation *négative* – qu'ils se donnent à eux-mêmes.

Si tout ce que vous vous dites *à propos de vous-même* devient une directive pour votre subconscient, alors chaque fois que vous affirmez quelque chose de négatif à votre sujet, vous ordonnez à votre subconscient de faire de vous la personne que vous venez de décrire – négativement !

Voici quelques exemples courants de ce monologue intérieur *négatif*. En les lisant, demandez-vous si vous connaissez quelqu'un qui dit des choses similaires, ou si vous avez vous-même fait de telles affirmations :

Je ne me souviens jamais du nom des gens.
Ce sera encore l'une de ces journées !
C'est tout simplement inutile !
Je sais que ça ne fonctionnera pas !

Tout va toujours mal.
C'est bien ma chance.
Je suis tellement maladroit!
Je n'ai pas ce talent.
Je ne suis tout simplement pas créatif.
Tout ce que je mange se transforme en gras.
Je n'arrive pas à m'organiser.
Ce n'est vraiment pas ma journée.
Je ne peux jamais me permettre de m'offrir les choses que je veux.
Je sais déjà que je n'aimerai pas ça.
Peu importe ce que je fais, je n'arrive pas à maigrir.
Je n'ai jamais assez de temps.
Je n'ai tout simplement pas la patience de faire ça.
Cela me rend fou de rage!
Encore un lundi pénible!
Quand vais-je enfin apprendre?
Cette seule idée me rend malade.
Parfois, je me déteste.
Je ne suis bon à rien!
Je suis trop timide.
Je ne sais jamais quoi dire.
Avec la chance que j'ai, il n'y a vraiment pas d'espoir!
J'aimerais arrêter de fumer, mais je n'y parviens pas.
Les choses tournent toujours mal pour moi.
Je n'ai plus la même énergie qu'autrefois.
Je ne suis vraiment pas en forme.
Il ne me reste jamais un sou à la fin du mois.
Pourquoi essaierais-je – ça ne fonctionnera pas de toute façon!
Je n'ai jamais été bon dans ce domaine.
Mon bureau est toujours en désordre!
La seule chance que j'ai, c'est la malchance!
Je ne gagne jamais rien!
Je crois que je commence à me faire vieux.
Il y a toujours quelqu'un qui fait mieux que moi!
Personne ne m'aime.

Je n'ai jamais de répit!
On dirait que je suis toujours fauché!
Tout ce que je touche ne devient pas de l'or.
Personne ne veut me payer à ma juste valeur.
Parfois, j'aimerais ne pas être né!
Je suis tout simplement nul en math.
Je perds du poids et je le reprends aussitôt.
Cela me déprime tellement!
On dirait que je n'arrive jamais à accomplir quoi que ce soit!
Rien ne semble aller bien pour moi!
Je ne suis tout simplement pas un vendeur.
C'est impossible!
Il n'y a pas moyen de faire ça!
Je fige toujours devant un groupe.
Je ne vaux rien avant mon premier café du matin.
Aujourd'hui, je n'arrive à rien.
Je ne réussirai jamais!
Je n'en peux plus!
Je déteste mon emploi.
Chaque année, je contracte un rhume en cette saison.
Je ne suis tout simplement pas fait pour ça.
Je suis vraiment au bout du rouleau.
On ne peut plus faire confiance à personne!
C'est au-dessus de mes forces!
Je suis toujours en retard.
Je n'ai jamais su trouver les mots justes.
Si seulement j'étais plus intelligent.
Si seulement j'étais plus grand.
Si seulement j'avais plus de temps.
Si seulement j'avais plus d'argent.
... etc., etc., etc.

Imaginez que vous êtes assis devant votre clavier d'ordinateur et que vous tapez l'une de ces directives. Et imaginez que votre ordinateur fera tout ce pour quoi vous l'avez programmé.

C'est exactement ce que nous faisons avec notre ordinateur de bord personnel ! Il n'est pas étonnant que les choses aillent mal ! Il n'est pas étonnant que rien ne fonctionne ! Si votre ordinateur de bord – celui qui maintient l'avion en vol – est programmé avec des données erronées, *vous ne pourrez jamais réussir comme vous le souhaitez* – vous ne pourrez pas aller là où vous souhaitez aller !

VIVRE AVEC LES RÉSULTATS

Un jour, je dînais avec l'un de mes amis qui est conférencier spécialiste de la motivation et auteur. Nous étions assis dans un café situé dans un grand hôtel de congrès à Las Vegas. En attendant notre repas, nous avons discuté du monologue intérieur négatif et parlé de la façon dont nous devenons le résultat de ce que nous nous disons à nous-mêmes. Et pendant notre conversation, un exemple parfait s'est produit.

Alors que la serveuse s'approchait de notre table, les deux bras chargés d'assiettes pleines de nourriture, elle a trébuché et a tout laissé tomber sur la table et le sol devant nous. Elle s'est exclamée : « Oh, je suis *si maladroite !* »

Mon ami et moi venions d'être les témoins d'un exemple concret du résultat de la plus simple expression du monologue intérieur négatif. J'ignore combien de fois cette serveuse s'était dit à elle-même qu'elle était maladroite. Mais elle l'avait sans doute dit assez souvent pour croire que c'était vrai, et pour devenir maladroite !

Comme autre exemple, prenons quelque chose d'aussi courant que le problème qui consiste à ne pas se rappeler le nom des gens. Pendant 25 ans, vous vous êtes peut-être dit : *Je ne me souviens jamais du nom des gens.* Et puis, un soir, vous allez à une fête. On vous présente quelqu'un dont vous voulez vous rappeler le nom et vous vous dites : *Je vais me souvenir du nom de cette personne.* Que se passe-t-il 10 secondes plus tard ?

Vous avez oublié son nom ! Pourquoi ? Parce que, pendant les 25 dernières années, vous vous êtes dit que c'est ce que vous feriez. Vous vous êtes *programmé* à oublier !

Quelques minutes plus tard, vous vous retrouvez debout, un peu embarrassé, en faisant défiler mentalement les lettres de l'alphabet en essayant de vous rappeler ce nom. Et entre-temps, pendant que vous vous sentez écervelé et ridicule, votre subconscient, se sentant très fier, dit : « Tu vois, j'ai fait ce que tu m'as dit de faire ! J'ai fait en sorte que tu oublies le nom de cette personne ! »

Si votre monologue intérieur, les directives que vous donnez à votre subconscient, fait cela, ne croyez-vous pas qu'il fera absolument tout ce que vous lui direz de faire ? Si vous reprogrammiez un individu de manière à lui faire croire qu'il est sécuritaire de se rendre à une intersection et de tourner dans le sens contraire de la circulation, il le ferait ! *Le cerveau humain fera, dans la mesure du possible, tout ce que vous lui dites de faire, si vous le lui ordonnez assez souvent et avec suffisamment d'intensité !* Si vous lui dites quelque chose de négatif à votre sujet, c'est ce qu'il acceptera – et il se conformera à ces directives !

Le subconscient ne fait pas la distinction entre l'énoncé qui affirme que nous sommes maladroits et l'énoncé qui nous décrit comme gracieux, bien coordonnés et maîtres de la situation. Il ne fait pas la distinction entre l'affirmation que nous sommes pauvres et celle que nous sommes riches. Il accepte la programmation telle que nous la lui donnons.

Notre mécanisme de programmation interne traite toutes les informations avec une égale indifférence. Par conséquent, lorsque nous disons avec désinvolture : « Peu importe ce que je fais, je n'ai jamais assez d'argent pour boucler mes fins de mois », notre subconscient dit : « D'accord, je vais faire ce que tu me dis de faire. Je vais m'assurer que tu ne puisses pas boucler tes fins de mois. » Ensuite, il exercera son puissant contrôle sur notre moi mental et physique afin d'obtenir le résultat que nous lui avons demandé.

J'ai fait récemment la connaissance d'un homme que je considère comme bon, mais malchanceux. Après 20 ans de mariage, après avoir élevé plusieurs enfants jusqu'à leur adolescence, et après avoir érigé une entreprise rentable, il a perdu sa femme à la suite d'un divorce, il n'a pas obtenu la garde de ses enfants et il a dû céder son entreprise à ses associés. Ce qui m'a intrigué dans l'histoire de cet homme, c'est qu'il ne parlait que de ses échecs, de ses défaites, de sa ruine et des problèmes qu'il aurait plus tard. Il était triste de voir quelqu'un ayant cette profondeur, cette chaleur et ces capacités se retrouver complètement dépendant des échecs qu'il avait depuis très longtemps créés lui-même dans son esprit.

Comme c'était le cas avec cet individu, c'est par le biais d'un processus complexe de contrôles électrochimiques physiologiques que notre ordinateur de bord influera sur ce que nous faisons dans tous les domaines de notre vie. Il influera directement sur tout ce qui nous concerne, de nos relations familiales à nos revenus.

Les croyances que nous avons adoptées en ce qui a trait à nos capacités financières personnelles – ou nos limitations – sont un exemple typique de ceci. À moins que nous modifiions le programme que nous nous sommes donné à nous-mêmes, c'est-à-dire le programme qui nous dit que nos revenus sont insuffisants, notre subconscient accomplira avec succès la tâche que nous y avons inscrite et fera en sorte que nous gagnions moins d'argent que ce que nous souhaiterions. Lui aurions-nous donné la bonne programmation, ce même subconscient, au lieu de nous garder pauvres ou dans la moyenne, aurait tout aussi volontiers fait de nous des individus riches.

CHAPITRE 7

Le legs de notre programmation

Étant donné que nous avons appris nos programmes auprès des gens qui nous entourent, il est naturel que nous transmettions le même genre de programmation aux autres. À moins d'apprendre différemment, nous finissons par léguer notre propre programmation à nos enfants. J'ai recueilli des dizaines d'exemples d'énoncés et de commentaires que des parents aimants ont exprimés devant leurs enfants sans réaliser qu'ils créaient chez eux des croyances qui se solderaient par des *échecs* plutôt que par le bonheur et la réussite qu'ils espéraient pour eux.

Vous reconnaîtrez peut-être certains de ces exemples. Des parents, des professeurs et des amis sincères, aimants et pleins de sollicitude ont dit à des enfants :

« Tu ne sais pas faire ça », « Ta chambre est toujours en désordre », « Ne peux-tu donc rien faire correctement ? », « Tu es exactement comme ton père ! » (un énoncé qui semble toujours être fait lorsque l'enfant a mal agi), « Pourquoi n'es-tu pas capable d'agir comme ta sœur (ton frère) ? », « Tu ne seras jamais un artiste (ou un athlète, etc.) », « Tu n'essaies même pas ! », « Tu ne m'écoutes jamais », « Je te dis de faire quelque chose et tu fais le contraire ! », « Tu n'étudies jamais », « Tes notes sont désastreuses », « Tu parles trop », « Tu fréquentes toujours de mauvais garnements », « Tu ne sais même plus où se trouve ta maison », « Tu es paresseux », « Tu ne penses qu'à toi-même », « Tu veux vraiment causer des problèmes », « Tu ne réfléchis tout simplement pas », etc.

Et certains enfants, alors même que vous lisez ces lignes, se font dire les mots qui sont assurément les plus destructeurs : *« Tu n'arriveras jamais à rien. »*

Je crains que ce qui est dit à des enfants et à des adolescents derrière des portes closes est encore plus graves que les quelques exemples que je viens de donner. Mais avec ce genre de programmation, même sous sa forme la plus innocente et fortuite, pouvez-vous imaginer combien de fois de jeunes enfants impressionnables et ignorants entendent des choses qui finissent par leur nuire – combien de fois avons-nous entré un *mauvais* programme dans leur ordinateur de bord ?

Bien entendu, une grande partie de ce que nous disons a pour but de donner à un enfant une formation appropriée, une « éducation » adéquate. Mais en cours de route, en utilisant des mots qui programment l'enfant de la mauvaise façon, nous l'aidons involontairement à se créer une identité qui croit que ce que nous disons est « la vérité » – nous créons une image de la façon dont l'enfant se perçoit, et de ce qu'il finira par devenir.

Pensez un instant aux rêves que vous *savez* que vous auriez pu réaliser au cours de votre vie ; pensez aux talents et aux habiletés innées que vous auriez pu développer pour en faire des accomplissements durables si seulement vous aviez eu suffisamment confiance en vous – si vous aviez cru *pouvoir* au lieu de ne *pas* pouvoir. Si on nous donnait une baguette magique nous permettant de concrétiser n'importe quel rêve, la majorité d'entre nous apporterait certainement quelques changements dans notre vie.

Nous avons tous eu des rêves. Nous méritons tous de voir nos rêves se réaliser. Si ce n'était du mur de briques qu'est notre mauvaise programmation, de cet obstacle sur notre route, chacun de nous, chaque jour, concrétiserait davantage de ces rêves, atteindrait des sommets auxquels nous avions même rarement rêvé.

Nous avons la chance de vivre à une époque à laquelle nous commençons à comprendre ce qui se passe à l'intérieur de cet incroyable mécanisme que nous appelons le cerveau. En levant de plus en plus le voile sur les secrets qui entourent notre esprit, nous avons appris que nous avons un droit de vote *personnel* en ce qui a trait à la teneur de notre destin.

Nous avons appris que ce que nous insérons dans notre cerveau est ce que nous obtiendrons par la suite. Nous avons également appris que le subconscient est une éponge – il croira tout ce que vous dites –, il croira même à un mensonge – si vous le lui répétez assez souvent et avec suffisamment d'intensité. La partie programmable du cerveau ne porte pas de jugements moraux ; elle accepte tout simplement ce que vous lui dites. L'ordinateur de table dont vous vous servez au bureau ne se soucie pas de sa programmation. Il ne se demande jamais si vous lui dites la vérité ou non. Il accepte tout simplement le programme que vous lui donnez et fonctionne en conséquence. Que les choses que vous vous êtes dites à vous-même ou les croyances que vous avez entretenues à votre égard dans le passé aient été vraies ou fausses ne fait aucune différence. *Le cerveau ne s'en soucie pas !*

LA MACHINE QUI NE DORT JAMAIS

Votre subconscient travaille en ce moment même, il travaille jour et nuit, pour s'assurer que vous deveniez exactement la personne que vous avez *inconsciemment* décrite. Si votre programme vous dépeint comme une personne qui peine à gagner sa vie, votre subconscient fait tout ce qu'il peut, en ce moment même, pour s'assurer que vous avez de la difficulté à gagner davantage d'argent. Si vous vous êtes conditionné à croire que vous êtes incapable de suivre un régime amaigrissant, vous pouvez être certain que votre subconscient *veillera à ce qu'aucun régime ne fonctionne pour vous – du moins pas longtemps !* Votre subconscient ne peut faire pour vous que ce que vous (et les autres) lui avez dit de faire.

Dans un chapitre précédent, j'ai dit qu'au cours des premières années de notre vie, la majorité d'entre nous se fait dire « non », ou ce que nous ne pouvons *pas* faire, des dizaines de milliers de fois. Chacun de ces « tu ne peux pas » s'est traduit par une directive qui s'est inscrite dans notre subconscient.

Et alors que nous, à cause de notre conditionnement, avons commencé à prendre la relève et à nous dire des choses similaires, nous avons pris inconsciemment l'habitude de nous programmer de façon erronée, comme l'avaient fait nos parents, nos amis et notre entourage. Et maintenant, en ce moment même, le subconscient de chacun d'entre nous travaille de manière à ce que nous devenions sans faute le reflet de ces dizaines de milliers de directives négatives qui constituent notre programmation.

Depuis cette époque, nous avons bien entendu continué à nous doter de nouveaux programmes. Les exemples d'énoncés négatifs que je vous ai donnés plus tôt ne sont que quelques feuilles dans une forêt de monologue intérieur négatif. De fait, nous ne remarquons même pas la majeure partie du monologue intérieur moyen, forgé par l'habitude, que nous entretenons sur une base quotidienne. Il est composé de ce que nous nous disons silencieusement, souvent sans même recourir à des mots. Notre monologue intérieur est en majeure partie composé du doute de soi, de la peur non formulée des petits (et grands) échecs et de l'inconfort tenace qui découle du fait que l'on sait que les choses ne sont pas comme elles devraient l'être.

Lorsque vous parlez à vos amis, il est parfois plus facile de discuter de problèmes que de potentiels excitants. Le texte de nos conversations quotidiennes donne souvent l'impression qu'il a été écrit par les mêmes rédacteurs qui ont conçu la une du journal du matin. Nous vivons, avec notre inconscient mal programmé, dans le monde trouble et peuplé d'ombres de l'incertitude – croyant que nous devrions réussir, mais ignorant pourquoi, après tant de frustration et d'essais, nous n'y arrivons pas.

Lorsque nous atteignons l'âge adulte, nous sommes tellement conditionnés à penser d'une certaine manière que la configuration de notre monologue intérieur devient une habitude. Il est gravé en nous. Et pour la majorité d'entre nous, il le reste. Notre perception de la vie, les croyances que nous entretenons à notre égard, notre façon de voir les choses, *quelles qu'elles soient*, ainsi que les gestes que nous effectuons – tout est filtré par les idées préconçues que nous avons.

Nous nous sommes répétés constamment, consciemment et inconsciemment, ce qui ne fonctionne pas. Dans le passé, nous avons trop souvent appris à croire instantanément *d'abord au pire, et ensuite au meilleur*. Mais nous savons maintenant qu'il n'est pas nécessaire qu'il en soit ainsi. Vous pouvez dès maintenant faire quelque chose pour y remédier. Vous devez apprendre à vous gérer vous-même et à gérer le reste de votre vie.

Chapitre 8

La séquence de l'autogestion

Il y a un processus naturel qui régit notre taux de réussite ou d'échec dans la façon dont nous gérons ou contrôlons notre vie. Ce processus consiste en une séquence d'étapes. Si nous sommes conscients de la nature de ces étapes, nous pouvons augmenter nos chances et accélérer nos progrès. Si nous ne sommes pas conscients de ce qui cause notre succès, ou de ce qui nous empêche de réussir, nous finissons par nous en remettre à la chance. Mais la vie n'est pas une question de chance ou de malchance. Nous ne jouons pas notre vie sur un coup de dés. Si nous misons sur la chance, alors il est fort probable que nous échouions.

Cela s'explique par le fait que l'autogestion efficace est toujours le résultat d'un facteur extérieur, de quelque chose qui y a mené. Nous avons parfois le sentiment qu'une bonne chose n'arrive que par «hasard». Mais il y a ceux qui affirment que *rien* n'arrive jamais par hasard – que nous avons mentalement «créé» tout ce qui se produit dans notre vie. La majeure partie de ce qui *vous* arrive se produit *à cause* de vous – c'est quelque chose que vous avez créé, dirigé, influencé ou autorisé.

Jetons maintenant un regard global sur vos réussites ou vos échecs. Que vous examiniez vos petites réalisations quotidiennes, ou vos grandes réussites mensuelles ou annuelles, elles ne sont généralement pas attribuables au hasard. Elles sont le résultat de quelque chose.

Il en va de même avec les résultats plus ou moins bons que vous avez obtenus. En moyenne, les échecs sont également le résultat de quelque chose – et ce quelque chose, dans la majorité des cas, que vous ayez réussi ou échoué, c'est *vous*! C'est quelque chose que vous avez fait (ou n'avez pas fait) qui est la cause de cette réussite ou de cet échec. Voici comment cela fonctionne.

LES 5 ÉTAPES QUI RÉGISSENT LA RÉUSSITE OU L'ÉCHEC

1. LE COMPORTEMENT

L'étape qui influe le plus *directement* sur la réussite ou l'échec est notre comportement – ce que nous faisons ou ne faisons pas. Le comportement découle des *gestes* que nous faisons. La façon dont nous agissons, à chaque moment de chaque jour, déterminera si nous réussirons ou non à ce moment précis ou ce jour-là, quelle que soit la tâche que nous accomplissons. Une série de gestes appropriés se soldera toujours par une amélioration de la situation, contrairement à une série de gestes inappropriés. Dans la majorité des cas, si vous faites ce qu'il convient de faire, vous obtiendrez les résultats que vous souhaitez.

Cette étape touche même le niveau de comportement le plus simple. Par exemple, si vous aimez votre emploi et effectuez les gestes qui conviennent au bon moment en ne déviant jamais de cette pratique, il y a de fortes chances que votre emploi sera bénéfique pour vous. Si, par contre, vous ne l'aimez pas et faites des gestes qui vous nuisent sur le plan professionnel, alors les choses n'iront pas aussi bien pour vous.

Prenons un autre exemple. Si un étudiant refuse d'étudier, n'est jamais attentif en classe et manque plusieurs cours (adopte des comportements inappropriés), est-ce qu'il réussira bien à l'école? Probablement pas. Si cet étudiant agit d'une manière qui laisse entendre «Je n'aime pas me trouver là où je suis», son comportement finira par causer un problème. Il n'aura pas de bonnes notes et, si rien ne change, l'étudiant ne changera pas non plus.

La même chose est vraie dans votre vie familiale. Si vous n'aimez pas votre situation familiale, que ferez-vous ? Si vous êtes comme la majorité des gens, d'une manière ou d'une autre, votre comportement, les gestes que vous commettez alerteront votre entourage et l'informeront du fait que vous êtes malheureux. Il en résultera une vie familiale non harmonieuse, et vous devrez vivre avec des désaccords, des disputes et des chagrins, sous une forme ou une autre.

Par contre, si les gestes que vous effectuez travaillent *pour* vous et non contre vous, il est probable que tout ce qui vous entoure travaille pour vous et non contre vous.

Mais cela va beaucoup plus loin. La façon dont vous vous gérez vous-même, ce que vous faites, la façon dont vous vous comportez, en tout temps, chaque mot que vous prononcez, chaque mouvement que vous faites, et chaque geste que vous effectuez, ou n'effectuez pas, détermineront la tournure des événements dans votre vie. Nous n'avons pas besoin d'un sorcier qui nous dise que lorsque nous faisons *bien* les choses, il y a toujours une plus grande probabilité qu'elles soient bénéfiques pour nous que lorsque nous faisons *mal* les choses.

Mais pourquoi faisons-nous ce que nous faisons ? Pourquoi ne faisons-nous pas ce que nous savons que nous devrions faire, et pourquoi disons-nous si souvent et faisons-nous si souvent ce que nous savons être inappropriés ? Qu'est-ce qui nous pousse à faire ce que nous faisons ? Qu'est-ce qui nous pousse à agir comme nous agissons, à nous comporter comme nous nous comportons ? Pourquoi faisons-nous même *quoi que ce soit* qui puisse nous nuire au lieu de toujours faire exactement ce qui serait bénéfique *pour* nous ? Est-ce parce que nous ne savons pas faire mieux ? Non. Nous faisons généralement la distinction entre ce qui est bon et ce qui ne l'est pas.

Si nous ne tenons pas compte de nos propres conseils, c'est parce que quelque chose influence, dirige ou contrôle tous nos gestes. Ce quelque chose qui explique que nous faisons ce que nous faisons s'appelle :

2. LES SENTIMENTS

Chaque geste que nous faisons est d'abord filtré par nos sentiments. La façon dont nous nous sentons à propos de quelque chose déterminera toujours ce que nous ferons et la façon dont nous le ferons, ou aura une influence sur notre comportement.

Si nous nous sentons bien ou sommes positifs à propos de quelque chose, nous nous comporterons de manière plus positive. Nos sentiments influeront directement sur nos gestes. Avez-vous déjà observé un enfant que l'on force à manger quelque chose qu'il n'aime pas ? Comment se comporte-t-il ? J'ai vu des enfants qui donnaient l'impression qu'ils allaient mourir sur-le-champ ! Mais déposez devant ce même enfant son dessert préféré et que fera-t-il ? Il semblera sans doute prêt à y plonger tête première !

Quelle différence y a-t-il entre le premier mets et le dessert ? Ce n'est *pas* que l'un est meilleur que l'autre. La différence se trouve dans la façon dont l'enfant *se sent* par rapport à la nourriture. La façon dont l'enfant se sent détermine le geste qu'il fait. Dans *un* cas, il a rechigné ; dans l'autre, il a mangé avec joie.

J'ai une amie dont la pire crainte est de prendre l'avion. En temps normal, elle est raisonnable et réfléchie. Mais à cause de cette crainte, elle préférera prendre sa voiture et rouler du Midwest à la côte est pour aller rendre visite à sa famille. Elle perd ainsi deux ou trois jours au lieu de sauter dans un avion et d'arriver à destination en l'espace de deux ou trois petites heures. Lorsque les circonstances exigent qu'elle prenne l'avion, elle perd son tempérament pondéré, son niveau de stress triple, son anxiété prend le dessus et elle est malade avant même que l'avion ne décolle.

Est-ce à cause du vol ? Non. Ce sont ses *sentiments* à propos du vol qui la poussent à réagir comme elle le fait. Dans cet exemple, vous remarquerez que, encore une fois, le fait que les sentiments d'un individu soient « rationnels » ou non ne fait aucune différence ; ceux de mon amie ont tout de même contrôlé, influencé et grandement modifié son comportement.

Vos sentiments à l'égard de quoi que ce soit auront une influence sur votre comportement. Il ne s'agit pas uniquement d'aimer ou de ne pas aimer, de joie ou de peur ; *tous* vos sentiments ont une influence sur les gestes que vous faites. Les sentiments que vous inspirent votre emploi, votre moi et votre réussite détermineront comment vous vous comporterez dans chacun de ces domaines. Si vos sentiments sont positifs et productifs, votre comportement suivra.

Mais qu'est-ce qui fait que nous *avons* des sentiments qui font à ce point partie de nous ? Vous les êtes-vous appropriés par accident ? Qu'est-ce qui vous amené à vous sentir ainsi ? Le hasard ? Jamais. Vos sentiments sont créés, contrôlés, déterminés ou influencés par :

3. LES ATTITUDES

Vos attitudes sont les perspectives à partir desquelles vous voyez la vie. Certaines personnes semblent avoir une bonne attitude à l'égard de presque tout. Mais si l'on y regarde de plus près, on constate que la majorité des gens ont une combinaison d'attitudes, certaines bonnes, et certaines un peu moins.

L'attitude que vous avez envers quelque chose influera sur les sentiments que cette chose vous inspire, ce qui déterminera ensuite les gestes que vous effectuerez et l'efficacité de ceux-ci. Donc, notre attitude joue un rôle très important et elle contribue à notre réussite.

En fait, comme nous pouvons le constater, une bonne attitude est *essentielle* à toute réalisation ! Nous entendons fréquemment parler de gens qui ont une « mauvaise attitude ». L'expression est souvent employée pour qualifier le comportement de jeunes gens, plus particulièrement des adolescents qui s'attirent des ennuis, mais on l'entend également à propos des adultes. Cela sous-entend toujours que l'individu en question ne réussira pas s'il ne change pas d'attitude.

Je suis d'accord. Sans une bonne attitude, une perspective qui permet à l'individu de voir les occasions qui s'offrent à lui et de s'aligner pour les saisir, il n'y a jamais de réussite. Mais encore plus important est le fait que pour éprouver le genre de sentiments qui sont bénéfiques *pour* nous, il nous faut d'abord avoir de bonnes attitudes !

Mais d'où tenons-nous nos attitudes ? Sont-elles innées ? Ou ne font-elles que surgir de nulle part ?

Nos attitudes ne sont pas le fruit du hasard. Elles ne font pas qu'*apparaître*. Nos attitudes sont entièrement créées, contrôlées ou influencées par :

4. LES CROYANCES

Nos *croyances* à l'égard de quoi que ce soit détermineront nos attitudes, façonneront nos sentiments, dirigeront nos actions et, dans chaque cas, feront en sorte que nous nous débrouillions bien ou mal, que nous réussissions ou échouions. Nos croyances sont si puissantes qu'elles peuvent même *altérer* notre perception ! Une « croyance » ne nécessite pas qu'une chose soit comme on la voit. Il suffit que l'on croie qu'elle est ainsi.

Une croyance ne nécessite pas qu'une chose soit vraie. Il suffit que nous la *croyions vraie !* C'est très fort ! Cela signifie que la majeure partie de ce qui constitue la réalité, pour chacun d'entre nous, est basée sur ce que nous croyons – que cela soit vrai ou non !

Il est possible que demain matin, dans un pays étranger hostile, un écolier ou une écolière entende de la bouche même de son professeur que nous sommes son ennemi et que nous sommes mauvais. Il est également probable que, demain matin, dans une salle de classe ici dans notre propre pays, il y aura un écolier ou une écolière qui croira que l'*autre* nation est mauvaise. Il importe peu que cela soit vrai ou faux. C'est ce que ces enfants croient. Et ce qu'ils croient influera sur leurs attitudes, leurs sentiments et leurs actions. Un jour, lorsqu'ils auront grandi, ils pourraient bien se tirer dessus. Pour chacun d'eux, cela serait acceptable. Cela correspondrait à ce qu'ils croient.

Lorsque j'étais enfant, assis sur un banc à l'église, je me rappelle avoir essayé de comprendre de quoi parlait le prêtre du haut de la chaire lorsqu'il nous disait de « croire ». J'ignorais comment faire ça. Je pensais que certaines personnes avaient de la chance et que d'autres n'en avaient pas. Certaines personnes arrivaient tout naturellement à croire et d'autres pas. Je ne savais pas encore d'où venaient les croyances, et je ne soupçonnais certainement pas le pouvoir que les croyances auraient dans ma vie et le pouvoir qu'elles avaient eu dans la vie de tous les êtres humains qui avaient vécu avant moi.

Pour illustrer l'importance des croyances, pensez à quelque chose que vous avez cru à propos de vous, à quelque chose qui vous nuisait, mais qui n'était pas vrai.

Supposons que vous croyez que vous avez de la difficulté à vous faire facilement des amis, ou à vous faire accepter aisément et naturellement par les autres. Vous croyez que vous étiez relégué à l'arrière-plan par des personnes qui semblaient plus populaires. Par conséquent, timide et ne sachant pas quoi dire, vous avez commencé à vous isoler lors de réunions mondaines. Au travail, vous ratiez souvent des occasions parce que vous ne vous exprimiez pas – même lorsque votre idée était meilleure que celle qui était acceptée et qui avait été proposée par l'un de vos collègues. Supposons que vous saviez que vous vouliez être intelligent, spirituel et amusant, mais que vous croyiez que, *aux yeux des autres*, vous n'étiez tout simplement pas à la *hauteur*.

Étant donné que tout ce que vous croyez à propos de vous-même finira par influer sur ce que vous faites, vous pouvez être certain que si vous croyez que vous ne réussissez pas autant que vous le souhaiteriez sur le plan social, cette *croyance* se révélera juste – qu'elle soit vraie ou non. La plupart des comportements sociaux sont le résultat d'un conditionnement. L'aisance, le savoir-faire et le degré de confort que nous éprouvons en société sont le reflet de ce que nous croyons à propos de nous-mêmes et détermineront notre réussite. Si vous vous dites que vous *ne pouvez pas*, que pourra être l'unique résultat?

Nous entretenons tous des milliers de grandes et de petites croyances à propos de nous-mêmes. Certaines d'entre elles sont probablement vraies. Toutefois, je soupçonne que la majorité d'entre elles ne le sont pas. Mais si vous y croyez, votre esprit agira comme si elles étaient vraies.

Qu'est-ce qui nous amène à croire? Est-ce que nos croyances surgissent un jour de nulle part? Sommes-nous nés avec ces croyances, comme avec ces taches de naissance qui nous marquent à jamais? Les créons-nous nous-mêmes? D'où les tirons-nous? Nos croyances ne sont pas des accidents de la nature. Nos croyances sont créées et gérées uniquement par:

5. LA PROGRAMMATION

Nous croyons ce que nous avons été *programmés* à croire. Notre conditionnement, à partir du jour de notre naissance, a créé, renforcé, et pratiquement cimenté de façon permanente la majeure partie de ce que nous croyons à propos de nous-mêmes et de ce que nous croyons à propos de ce qui se passe autour de nous. Peu importe si cette programmation a été bonne ou mauvaise, vraie ou fausse, nos croyances en sont le résultat.

Tout commence par notre programmation! Ce que nous avons accepté venant du monde extérieur, ou ce que nous avons assimilé nous-mêmes, a déclenché une réaction en chaîne naturelle, une séquence de cause à effet qui n'a pu faire autrement que donner lieu à une autogestion efficace, ou à une autogestion inefficace de notre être, de nos ressources et de notre avenir.

C'est notre programmation qui installe nos croyances, et la réaction en chaîne commence. Dans une progression logique, ce que nous croyons définit nos attitudes, influe sur nos sentiments, dicte notre comportement et détermine si nous réussirons ou échouerons :

1. *La programmation crée les croyances.*
2. *Les croyances créent les attitudes.*
3. *Les attitudes créent les sentiments.*
4. *Les sentiments déterminent les actions.*
5. *Les actions créent les résultats.*

C'est ainsi que fonctionne le cerveau. Si vous voulez mieux vous gérer vous-même, et changer les résultats que vous obtenez, vous pouvez le faire n'importe quand. Commencez par la première étape. Modifiez votre programmation.

CHAPITRE 9

Les cinq niveaux du monologue intérieur

Qu'est-ce que le monologue intérieur et comment fonctionne-t-il ? Le monologue intérieur peut être défini simplement : c'est une façon de neutraliser notre ancienne programmation négative en l'effaçant ou en la remplaçant consciemment par de nouvelles directives positives. Le monologue intérieur est un moyen pratique de vivre notre vie avec des intentions délibérées plutôt qu'avec une acceptation passive.

Grâce au monologue intérieur, nous avons la possibilité de donner de nouvelles directives à notre subconscient en nous parlant à nous-mêmes d'une façon différente, en reprogrammant consciemment notre centre de contrôle interne avec des mots et des énoncés qui sont plus efficaces et plus utiles pour chaque aspect de notre être que nous souhaitons améliorer. Les énoncés de ce monologue intérieur tracent à l'intérieur de nous un nouveau portrait de ce que nous aimerions devenir.

Le monologue intérieur offre à chacun de nous un moyen de changer ce que nous souhaitons changer, même si nous n'avons jamais réussi à le faire par le passé. Il nous offre l'occasion de cesser d'être notre ancien moi et de commencer à devenir un être différent, meilleur, un être qui n'est plus le produit d'une réponse conditionnée, mais qui est plutôt régi par un choix personnel.

En fait, il existe plusieurs types de monologue intérieur. Chacun d'entre nous, chaque jour, peut avoir recours à l'un ou l'autre des cinq niveaux du monologue intérieur. Chaque niveau est précis et distinct des autres. Certains de ces niveaux nous sont utiles et d'autres nous nuisent. Mieux vous les connaîtrez, plus rapidement et plus facilement vous serez capable de maîtriser l'utilisation du *bon* type de monologue intérieur.

LE PREMIER NIVEAU DU MONOLOGUE INTÉRIEUR – Le niveau de l'acceptation négative («Je ne peux pas...»)

Le premier niveau du monologue intérieur est celui qui nous est le moins bénéfique. Au bas de la liste – le monologue intérieur le plus nuisible que nous puissions employer – se trouve le Niveau 1, le niveau de l'acceptation négative. C'est le monologue intérieur que vous utilisez pour dire quelque chose de mauvais ou de négatif à propos de vous, et vous l'acceptez.

Nous avons discuté plus tôt de dizaines d'énoncés et d'expressions que nous utilisons couramment pour nous parler à nous-mêmes. Ils appartiennent tous au Niveau 1 du monologue intérieur. Ce niveau est facile à reconnaître. Il est pratiquement toujours caractérisé par des affirmations telles que: «Je ne peux pas...» Ou: «Si seulement je pouvais...» Ou: «J'aimerais bien faire ça, mais j'en suis incapable...» Et ainsi de suite. Ce premier niveau du monologue intérieur nous nuit. Et malheureusement, c'est celui que la majorité d'entre nous utilise le plus fréquemment!

«Je n'ai plus l'énergie que j'avais autrefois», «Je ne pourrai jamais faire ça», «Je n'arrive pas à perdre du poids», «Eh bien... je ne sais pas...», «Aujourd'hui n'est pas mon jour de chance» et «J'en suis tout simplement incapable!» sont caractéristiques des types de doutes, de craintes, d'appréhensions et d'hésitations avec lesquels nous nous programmons lorsque nous employons des énoncés appartenant au premier niveau du monologue intérieur, que ce soit intérieurement, à voix haute ou en nous adressant à quelqu'un d'autre. Rappelez-vous que le subconscient écoute et attend vos instructions, et qu'il ne filtre pas ce que nous lui disons ; il ne fait qu'obéir !

Le Niveau 1 du monologue intérieur englobe l'ensemble de nos plus petites appréhensions et des plus grandes craintes que nous avons à propos de nous-mêmes. C'est notre façon de nous dire d'hésiter, de remettre nos habiletés en question et d'accepter moins que ce que nous aurions pu accomplir si seulement nous nous étions donné une chance. C'est notre façon de nous cacher timidement dans l'ombre au lieu de nous développer audacieusement en pleine lumière.

Il est impossible d'évaluer les ravages et les mauvais conseils que le Niveau 1 du monologue intérieur provoque dans notre vie. Il sème le désordre, des obstacles et de la confusion. Il entrave nos meilleures intentions et nous incite à nous satisfaire de la médiocrité. Il est au cœur d'une attitude marquée par « l'inertie », ses subtils murmures nous disant d'accepter passivement un destin beaucoup moins grand que celui dont nous avions rêvé. C'est la sirène mythique qui nous attire vers le rivage, précipitant nos rêves sur les récifs du désespoir et de la résignation.

Imaginez traverser la vie en utilisant ce genre de monologue intérieur ! En y songeant bien, pourquoi quelqu'un (une fois informé) voudrait-il utiliser un monologue intérieur qui le programmerait à échouer ou à ne pas réussir comme il le pourrait ? Et pourtant, c'est exactement ce que la majorité d'entre nous fait.

Peu importe que les mots semblent inoffensifs sur le moment, ils n'en sont pas moins l'épine dorsale de tout ce qui nous nuit et nous entrave. Débarrassez-vous de ces « Je ne peux pas » négatifs du premier niveau du monologue intérieur et vous vous débarrasserez de votre pire ennemi.

LE DEUXIÈME NIVEAU DU MONOLOGUE INTÉRIEUR – Le niveau de la prise de conscience et du besoin de changement («J'ai besoin de... Je devrais...»)

Ce niveau est trompeur. En surface, il semble qu'il puisse nous servir. Et pourtant, il nous nuit! À ce niveau du monologue intérieur, nous annonçons, à nous-mêmes et aux autres, notre prise de conscience et notre besoin de changement.

Le Niveau 2 du monologue intérieur est caractérisé par des affirmations telles que: «J'ai besoin de...» Ou: «Je devrais...» Ou: «Il serait bon que je...» Pourquoi nous nuisent-elles? Parce qu'elles démontrent que nous reconnaissons l'existence d'un problème, mais sans apporter de solution. Lorsque vous vous dites à vous-même (ou que vous dites à quelqu'un d'autre): «J'ai vraiment besoin de m'organiser davantage», que dites-vous réellement? Vous dites: «J'ai vraiment besoin de m'organiser davantage... Mais je ne le fais pas!» Lorsque vous complétez la phrase, elle se termine toujours inconsciemment avec un non-dit, un énoncé programmé qui appartient au monologue intérieur du premier niveau!

«Je devrais vraiment essayer d'arriver à l'heure au travail.» «Il faut absolument que je perde quelques kilos!» «Il faut que je fasse quelque chose pour remédier à ça!» «Je devrais vraiment passer plus de temps avec mes enfants.» «Je sais que je devrais étudier davantage.» Chaque fois que vous vous entendez monologuer avec vous-même au Niveau 2, arrêtez-vous un instant et complétez la phrase – achevez, à haute voix, le programme que vous acheminez vers votre subconscient.

Votre monologue intérieur devient alors: «J'aimerais vraiment gagner davantage d'argent... mais ce n'est pas le cas!» «J'aimerais pouvoir faire ça... mais j'en suis incapable!» «Je sais que je dois m'occuper de ça... mais je remets toujours à plus tard.» «Je devrais téléphoner à la maison plus souvent... mais je ne le fais pas. » « J'aimerais que les choses aillent mieux... mais ça n'arrive jamais ! »

Telles sont les directives que nous nous donnons involontairement à nous-mêmes. Tels sont les programmes apparemment anodins, mais incroyablement efficaces dont nous alimentons le centre de contrôle le plus puissant connu par l'homme. Au lieu de donner naissance à des rêves et à des réalisations, le Niveau 2 du monologue intérieur engendre la culpabilité, la déception et l'acceptation d'une impuissance que nous avons nous-mêmes imaginée. Est-ce là une bonne programmation ? Non. Nous aidera-t-elle à réussir ? Non.

LE TROISIÈME NIVEAU DU MONOLOGUE INTÉRIEUR – Le niveau de la décision de changer (« Jamais je ne... Je n'ai plus... »)

Le Niveau 3 du monologue intérieur est le premier niveau qui travaille *pour* vous au lieu de vous nuire. À ce niveau, vous reconnaissez le besoin de changer, mais vous prenez également la décision d'agir en ce sens – et vous formulez cette décision au « temps présent » – comme si le changement avait déjà eu lieu.

Le Niveau 3 est caractérisé par des affirmations telles que : « Jamais je ne » ou « Je n'ai plus ». À ce niveau, vous dites : « Je n'ai plus de problèmes interpersonnels avec mes collègues. » « Jamais je ne mange plus que nécessaire. » « Jamais je ne perds mon calme lorsqu'il y a un embouteillage. » « Je n'ai plus le réflexe de remettre à demain ce qui doit être fait aujourd'hui. »

Lorsque vous passez au Niveau 3, vous commencez immédiatement à reformuler d'anciens énoncés négatifs, les laissant derrière vous, leur donnant un nouveau caractère positif qui dit à votre subconscient de se réveiller, de se mettre en branle et d'apporter le changement voulu.

LE QUATRIÈME NIVEAU DU MONOLOGUE INTÉRIEUR – Le niveau du meilleur moi («Je suis…»)

C'est le type de monologue intérieur le plus efficace que vous pouvez utiliser. Le Niveau 4 est cependant celui que nous employons le moins, même si nous en avons grandement besoin. C'est à ce niveau que vous peignez un nouveau portait de vous-même complètement achevé, qui illustre ce que vous voulez vraiment être. Cette nouvelle image est captée par votre subconscient qui reçoit alors le message suivant: «Ceci est le "moi" que je veux que tu crées! Oublie toute la mauvaise programmation que je t'ai donnée par le passé. Ceci est ton nouveau programme. Attelle-toi maintenant à la tâche!»

Le Niveau 4 du monologue intérieur est caractérisé par les mots «Je suis…» «Je suis organisé et j'exerce un contrôle sur ma vie.» «Je suis un battant!» «Je suis en bonne santé, énergique, enthousiaste et je vais foncer. Plus rien ne m'arrêtera maintenant.» «J'aime qui je suis.» «Je suis en harmonie avec moi-même, je suis au sommet de ma forme et je suis à l'écoute des autres.» «Je suis rempli de détermination et d'entrain, et j'ai confiance en moi. Je vis la vie que je choisis, et je choisis ce qui est bien!»

Contrairement au Niveau 1 du monologue intérieur dans lequel nous luttons avec le passé, le Niveau 4 nous amène à aborder les problèmes et les occasions d'une manière entièrement nouvelle, productive et dynamique. L'ancien procrastinateur, qui avait été programmé pour remettre à plus tard, dit maintenant: «Je fais tout ce que je dois faire lorsqu'il faut le faire. J'aime que les choses soient faites à temps et bien faites!» L'ancien problème est renversé de manière à créer un succès quotidien continu. Au lieu de dire: «Je ne me souviens jamais du nom des gens», l'individu qui entretient un monologue intérieur de Niveau 4 dit : « J'ai une excellente mémoire ! Les gens sont importants pour moi et je suis capable de me rappeler tous les noms que je choisis de mémoriser, chaque fois que je décide de le faire. »

Le quatrième niveau du monologue intérieur est l'opposé du premier niveau. Il remplace les inutiles « Je ne peux pas » par de vibrants « Oui, je le peux ! » Le Niveau 4 du monologue intérieur inspire, encourage, exhorte et sollicite. Il fait vibrer une corde sensible dans notre cœur, il nourrit nos espoirs et il ajoute de la couleur à ces images qui illustrent nos rêves. Il excite, exige et nous propulse. Il renforce l'armure de notre esprit et durcit l'acier de notre détermination. C'est le monologue intérieur qui nous met au défi de lutter contre nos peurs et de sortir vainqueur du combat. C'est le monologue intérieur qui nous pousse à l'action, qui nous donne confiance en nous et qui nous campe solidement sur les solides fondations du succès.

Nommez l'adversaire, énoncez le problème, et vous pourrez découvrir le monologue intérieur qui les a créés. Pour chaque mot d'un monologue intérieur négatif qui a été prononcé, il existe une forme de monologue intérieur qui le bloque, qui vous reprogramme, qui règle le problème et qui corrige la situation.

Il existe des centaines d'exemples, déjà écrits, de ce quatrième niveau du monologue intérieur si spécial, puissant et qui permet de se reprogrammer : « Je suis un battant ! » « Je crois en moi. » « Je me respecte et j'aime qui je suis. » « J'ai pris la décision de gagner dans la vie et c'est ce que je fais ! » Pouvez-vous imaginer passer le reste de votre vie en entretenant ce genre de monologue intérieur ? Pensez à la programmation à laquelle de telles directives donneraient lieu. Il n'en tient qu'à vous. C'est à vous de décider du moment où vous vous engagerez sur une meilleure voie. Vous méritez ce qu'il y a de mieux dans la vie. Peut-être est-il temps de faire quelque chose à cet égard.

LE CINQUIÈME NIVEAU DU MONOLOGUE INTÉRIEUR – Le niveau de l'affirmation universelle («C'est...»)

Souvent simplement désigné sous le terme « affirmation », ce niveau du monologue intérieur est utilisé depuis de nombreuses années. C'est le type de monologue intérieur qui fait souvent appel à un palier élevé de l'esprit, ou à la conscience, et auquel nous pourrions typiquement penser lorsque nous gérons les exigences de notre vie quotidienne.

Des affirmations appartenant au Niveau 5 du monologue intérieur peuvent ressembler à : « Je ne fais qu'un avec les qualités authentiques et saines de ma vie, et elles font intrinsèquement partie de moi. La vie, pour moi, est un lieu de joie... de sérénité... de paix... de santé et de grand bien-être. »

Ce niveau du monologue intérieur peut être magnifique, presque poétique, et il est généralement un hymne à la vie. Par exemple : « La vie est exaltante et gratifiante pour le corps et l'esprit. » Plutôt que de définir des problèmes précis ou des buts à atteindre, le Niveau 5 du monologue intérieur se fonde sur une perspective plus large de la vie, comme si on la contemplait du haut des airs.

Il est important, toutefois, que nous prenions soin aujourd'hui de ce qui doit être fait aujourd'hui. Je vous recommande donc de commencer à utiliser le monologue intérieur au Niveau 3 et au Niveau 4. Si vous les maîtrisez, le Niveau 5 s'imposera naturellement. Mais pour l'instant, apprenez à utiliser le monologue intérieur qui fera en sorte que vous arrivez à l'heure au travail, qui vous aidera à consolider vos liens familiaux, à vous donner l'image de vous-même dont vous êtes digne et à assurer un déroulement optimal de chaque journée.

VOUS POUVEZ COMMENCER DÈS MAINTENANT

Vous devez d'abord apprendre à utiliser deux niveaux du monologue intérieur – et *désapprendre* rapidement l'emploi de deux autres. À partir de maintenant, dès que vous comprenez pourquoi le monologue intérieur que vous avez utilisé au Niveau 1 et au Niveau 2 n'a pas fonctionné, cessez de l'employer! Il n'y a aucune raison de vous en servir plus longtemps. Remplacez ces deux types de monologue intérieur négatif avec le Niveau 3 et le Niveau 4.

Si vous souhaitez vous y mettre dès maintenant, relisez la section traitant du Niveau 2 et exercez-vous. C'est le monologue intérieur qui vous permettra de démarrer, de changer ce que vous désirez changer et de vous engager dans un voyage qui vous conduira à la réalisation de vos rêves et loin des obstacles frustrants qui se sont jusque-là dressés sur votre route. Dans un autre chapitre, je vous guiderai, étape par étape, et je vous apprendrai comment commencer à utiliser ce nouveau monologue intérieur, automatiquement et inconsciemment.

Pour l'instant, ne faites que prêter attention aux propos nuisibles que vous vous dites à vous-mêmes, reformulez-les et commencez à entretenir un monologue intérieur qui est bénéfique pour vous.

Chapitre 10

Le problème avec la pensée positive

Depuis les 60 dernières années, l'une des meilleures idées qui soient ressorties de la littérature consacrée au développement personnel est le concept de la pensée positive. C'est l'un de ces concepts pouvant transformer toute une vie, mais qui, cependant, semble parfois mieux fonctionner en théorie qu'en pratique. Si vous descendiez dans la rue aujourd'hui et demandiez aux 10 premières personnes que vous croisez: «Croyez-vous en la pensée positive?», la majorité d'entre elles répondraient «oui». Et certaines personnes diraient: «Je crois que c'est une merveilleuse idée! Cela ne fonctionne pas pour moi, mais je sais que cela fonctionne pour d'autres.» La pensée positive *devrait* fonctionner pour tout le monde. Mais si elle le devait, pourquoi n'est-ce pas le cas?

Il y a littéralement des millions de gens qui ont appris à penser positivement grâce à la lecture d'excellents ouvrages. Un grand nombre de ces personnes, lorsqu'elles voulaient résoudre des problèmes dans leur vie, se tournaient vers ces ouvrages pour y trouver des encouragements et des solutions, et elles y trouvaient ce qu'elles cherchaient. J'ai lu *Le Pouvoir de la pensée positive* de Norman Vincent Peale lorsque j'avais 16 ans, et comme bien d'autres lecteurs, j'ai constaté que c'est un ouvrage qui est digne d'être lu plus d'une fois.

Lorsque j'aborde le sujet de la pensée positive – ses avantages et ses inconvénients – dans le cadre de séminaires et de programmes de formation, je suis invariablement mis au défi par un membre de l'auditoire qui est un fervent adepte de ce concept. Comment puis-je même remettre en question quelque chose qui est si manifestement positif ! Après tout, est-ce que je ne professe pas moi-même une forme de pensée positive ?

La réponse est que la forme de pensée positive communément acceptée est un excellent concept qui contribue grandement à aider les gens à réajuster leur façon de penser et à mieux réussir dans la vie. C'est l'une des solutions qui nous aident à apporter des changements majeurs dans notre vie. *C'est presque exact.* Elle nous fait faire un bon bout de chemin, mais ne nous conduit pas vraiment jusqu'au bout. C'est comme si l'on sautait au-dessus d'un précipice en ne franchissant que 90 % de la distance. Nous arrivons *presque* de l'autre côté.

Mais prendre la décision de ne plus jamais penser négativement, et de n'avoir que des pensées positives pendant le reste de notre vie peut être efficace pendant un certain temps, mais ne peut pas durer indéfiniment. Pourquoi ? Parce que le programme mental qui est déjà installé dans notre subconscient appartient à une *ancienne* programmation – une forme préprogrammée qui nous pousse à ne pas croire à de nouvelles informations qui vont à l'encontre des données que nous avons déjà emmagasinées. Si vous vous dites que, à partir d'aujourd'hui, vous ne penserez plus jamais négativement, sans en même temps vous munir d'un nouveau vocabulaire caractéristique et bien précis concernant les bonnes choses à dire, vous reviendrez rapidement à cette vieille habitude qui consiste à penser négativement.

C'est pour cette raison que, souvent, cette décision de devenir un penseur positif ne fait pas long feu. Sur le moment, cela semble être une excellente idée, mais trop souvent cela ne dure pas. J'ai connu des gens qui ont perdu toutes leurs illusions quant à leur capacité de croire en quoi que ce soit de positif, et ce tout simplement parce qu'ils ont voulu croire, ont essayé la « pensée positive » pendant un certain temps, et puis ont abandonné. Leur ancien programme a littéralement mis un terme à leur tentative. Leur déception s'est alors transformée en la conviction que la pensée positive n'est faite que pour les rêveurs.

Mais la pensée positive pourrait donner des résultats – elle peut donner des résultats – si les pensées négatives que l'on nous conseille d'éviter sont immédiatement remplacées par leur opposé.

VOTRE APPARTEMENT MENTAL

Imaginez pendant un instant un « appartement mental » – le lieu où vous vivez avec vos pensées. Cet appartement mental est meublé avec tout ce que vous pensez à propos de vous-même et du monde qui vous entoure. L'ameublement de cet appartement est en majeure partie constitué de meubles « de seconde main ». Il s'agit de la vieille façon de penser qui nous a été transmise par nos parents, nos amis, nos professeurs et par tous ceux qui nous ont aidés à programmer notre subconscient : ils nous ont donné des meubles que nous avons conservés et dont nous nous servons.

Imaginez que cet « ameublement » (nos pensées négatives) est en grande partie usé jusqu'à la trame, car il est constitué d'articles usagés. Le vieux canapé est miteux et abîmé par l'usure. Les chaises sont brisées et branlantes, prêtes à tomber en morceaux si l'on s'y assoit trop lourdement. Sur les murs, les tableaux accrochés obliquement sont jaunis et leurs couleurs sont délavées. La table de la cuisine est bancale ; la vaisselle est ébréchée et craquelée, les tasses n'ont plus d'anse depuis longtemps. Les ressorts des sommiers sont apparents, rouillés et tordus. La moquette se résume à un amalgame de rapiéçages et de trous. Dans un tel décor, un nouveau meuble solide (une pensée positive) semblerait déplacé ; et même s'il peut y avoir çà et là un ou deux meubles robustes, on ne les remarque absolument pas à cause du désordre qui règne tout autour.

Maintenant, supposons que j'accepte de me rendre chez vous, dans cet appartement mental, et de vous aider à vous débarrasser de tous vos vieux meubles. Je vous dis que je vais vous aider à vous débarrasser de votre ancienne façon de penser *négative* une fois pour toutes. Donc, j'arrive le lendemain à 16 h 30 et nous commençons à transporter à l'extérieur votre ameublement de seconde main et nous l'entreposons dans le garage. Nous sortons tout : chaque assiette, chaque tapis, table, lit, canapé et chaise. Nous retirons de l'appartement toutes les vieilles croyances négatives que vous avez à propos de vous-même et nous les entreposons ailleurs, dans un lieu sûr et hors de vue.

À 18 heures, nous avons terminé et je quitte les lieux. Après mon départ, vous vous tenez debout au milieu de votre appartement mental. Il est vide et impeccable. Il n'y a plus une seule pensée négative, plus de canapé, de tableaux, de livres ni de chaises. Vous regardez autour de vous et vous pensez : *C'est fantastique ! Je me suis débarrassé de toutes mes pensées négatives. Je peux maintenant être un penseur positif !*

Cela, c'est à 18 heures. Vous restez debout à ne rien faire, et puis vous marchez un peu dans votre appartement mental pour vous immobiliser encore une fois. Un peu plus tard ce soir-là, après avoir passé une heure ou deux avec personne d'autre que vous-même dans un appartement vide, que ferez-vous ? Vous irez dans le garage, là où ont été entreposés vos vieux meubles, et vous y prendrez une chaise ! Un peu plus tard, vous y retournerez et rapporterez une table, et peut-être une assiette ou deux.

C'est avec les pensées avec lesquelles nous avons le plus longtemps vécu que nous sommes le plus à l'aise. Peu importe si ces pensées ne sont pas ce qu'il y a de mieux pour nous – elles sont ce que nous savons, elles sont ce qui nous procure un sentiment de sécurité.

À 21 heures, vous êtes peut-être même allé chercher votre vieille et fidèle télé. Une à une, vous *réinstallerez dans votre appartement mental vos bonnes vieilles pensées négatives, usées par le temps*. Pourquoi ? Parce que lorsque je vous ai aidé à sortir vos vieux meubles, je ne vous en ai pas donné de *nouveaux* pour les remplacer – je ne vous ai pas donné de nouvelles pensées *positives* pour remplacer vos vieilles pensées négatives.

Lorsque vous prenez la décision de cesser de penser négativement, et que vous n'utilisez pas immédiatement un nouveau vocabulaire positif pour combler le vide, vous reviendrez toujours au monologue intérieur négatif, mais familier que vous entreteniez auparavant. Si vous vous débarrassez de vos vieux meubles et que vous les entreposez dans le garage sans les remplacer par un nouvel ameublement, alors lorsque je vous rendrai visite dans trois semaines, je ne pourrai que constater que votre appartement a repris son aspect initial ! Vous en aurez probablement modifié la disposition, mais ce seront toujours vos vieux meubles, la même vieille programmation que vous aviez au départ.

REMPLACEZ LE VIEUX PAR DU NEUF

Mais supposons que je frappe à votre porte et que je vous demande de venir à l'extérieur. Là se trouve un superbe camion de livraison rempli des plus beaux meubles que vous ayez jamais vus ! Pendant les deux ou trois heures qui suivent, je vous aide à transporter dans votre appartement mental ce magnifique ameublement flambant neuf, votre nouveau monologue intérieur positif. Et cette fois, nous n'entreposons pas les vieux meubles dans le garage ; nous les empilons et y mettons le feu. Nous nous en débarrassons. *Ne donnez pas vos vieux meubles à quelqu'un d'autre – ne transmettez pas votre monologue intérieur négatif à quelqu'un d'autre. Après tout, c'est ainsi que vous vous l'êtes vous-même approprié !*

Cette fois, lorsque je vous quitte, vous déambulez dans votre appartement mental et regardez autour de vous. Quel magnifique spectacle s'offre à vous ! Ce qui était autrefois un lieu d'espoirs anéantis et de rêves brisés est maintenant rempli de la naissance éclatante d'un nouveau moi enthousiaste. Ce nouvel ameublement mental repose sur les fondements solides de la confiance en soi ; vous avez remplacé la frustration et la résignation tranquille par l'enthousiasme des promesses et des croyances.

C'est ainsi que la pensée positive devrait fonctionner. C'est ce qui fait la différence entre seulement croire en la pensée positive et la créer réellement dans votre vie. Il est très bien d'envoyer le vieux au rebut – c'est essentiel. Mais il est également crucial de remplacer le vieux par du neuf, mot pour mot, pensée par pensée.

Le problème, c'est que par le passé, personne ne nous a donné les mots. Personne ne nous a enseigné le vocabulaire précis dont nous avions besoin pour remplacer la programmation négative que nous avions si bien assimilée. Le bon type de monologue intérieur est la clé de la pensée positive. Sans lui, pour la majorité d'entre nous, la pensée positive devient des « vœux pieux ». Et cela n'est rien de plus que de se dire : *J'aimerais pouvoir...* mais je ne le peux pas. Et « je ne peux pas » appartient au Niveau 1 du monologue intérieur : celui qui nous nuit.

Le concept de la pensée positive demeure un moyen excitant et valable pour qui veut mieux penser, mieux vivre et se sentir mieux dans sa peau. Isolément, elle donnera des résultats pendant un certain temps. Jumelée avec les bons mots, avec le vocabulaire précis, déclencheur, stimulant et directionnel du monologue intérieur, elle vous servira pendant toute votre vie. Si nous voulons trouver une méthode qui permette à notre esprit de nous aider à atteindre nos buts, il nous faut trouver cette méthode qui ne semble pas seulement efficace, mais qui l'est réellement – et qui est durable. Sinon, nous ne sommes pas à la hauteur et nous nous demandons pourquoi les choses vont mal pour nous.

Vouloir être un penseur positif ne suffit pas. Prendre la décision d'adopter une attitude positive ne suffit pas. Le cerveau humain dit : « Donne-moi davantage. Donne-moi les mots. Donne-moi les directives, les ordres, les images, l'échéancier et les résultats que tu souhaites. Alors je le ferai pour toi. *Donne-moi les mots.* »

CHAPITRE 11

Le mythe de la motivation

L'animateur de l'émission radiophonique a annoncé : « Mon invité aujourd'hui est un conférencier et un auteur spécialiste de la motivation. » Il a conclu son introduction en se tournant vers moi au-dessus du micro en disant : « Shad, êtes-vous l'un de ces types qui amènent ses auditeurs à se précipiter dans les allées, prêts à conquérir le monde ? » Je crois que ma réponse l'a étonné. J'ai dit : « Non, je ne le suis pas. En fait, je ne crois pas du tout en la motivation. »

C'est sans doute la première fois qu'un aussi long silence s'installait pendant son émission. Il s'était préparé à discuter du monde excitant de la motivation et il venait de réaliser que son invité était sur le point de dire que ça ne fonctionnait pas.

Mais permettez-moi de clarifier ma pensée. La motivation est parfois efficace. C'est seulement que, en général, elle ne l'est pas dans 95 % des cas. Je me rappelle avoir lu les commentaires d'un directeur de la formation du personnel d'une multinationale. Il avait été interviewé par un magazine national et le sujet portait sur les nouveautés en matière de formation – principalement au sein des grandes entreprises. Il disait que son entreprise avait décidé de ne plus avoir recours à des conférenciers spécialistes de la motivation. En conclusion, il affirmait qu'un discours de motivation ressemblait beaucoup à un repas composé de mets chinois ; une heure plus tard, on a encore faim. Je ne sais pas si c'est vrai en ce qui a trait à la cuisine chinoise, mais ça l'est pour ce qui est de la motivation. En général, la motivation ne dure pas et fait rapidement place aux anciennes habitudes.

Il existe différents types de motivation et différents types de motivateurs. L'une des approches les plus populaires consiste à réunir dans une salle un auditoire réceptif et passionné devant lequel un conférencier dynamique et enthousiaste tisse un réseau de pure magie, le fil d'or de la richesse et du succès. Pendant une heure ou deux, il imprègne ses auditeurs d'un nouveau sens du destin, d'une grande vision de leur moi illimité, affirmant qu'ils sont tous capables d'atteindre les plus hauts sommets imaginables, à condition d'y croire.

Les membres de l'auditoire se voient donner un nouveau souffle ; on ne leur demande en échange que de commencer la journée du lendemain en tant que *nouvelle* personne, de saisir toutes les occasions qui se présentent, de dépasser leurs limites, de se concentrer sur leur but et de foncer. Si vous avez déjà assisté à un discours de motivation tel que je l'ai décrit, vous savez que je reste poli et bienveillant devant l'effet hypnotique qu'il produit.

Des entreprises et des associations de tous genres et de toutes tailles ont recours à ce genre de motivation pour stimuler leur personnel ; elles en font le point culminant de leurs congrès et réunions de vente et relâchent ensuite leurs troupes dans la nature, gonflées à bloc et prêtes à affronter des dragons, à conclure davantage de ventes, à régler rapidement les problèmes et à atteindre de nouveaux sommets.

De grands rassemblements axés sur la motivation ont lieu dans des centres de congrès partout aux États-Unis. Ces événements attirent des dizaines de milliers de participants avides de passer une journée de leur vie à assimiler des techniques infaillibles, très motivantes, inspirantes et garantes du succès, ainsi qu'à découvrir des pistes qui mènent aux plus grandes récompenses que la vie puisse offrir.

Des conférenciers populaires et des orateurs dynamiques, éclairant les fidèles avec la ferveur contagieuse du plus grand des sermons du dimanche matin, captivent, charment, cajolent et convainquent leurs auditeurs en leur parlant de leur énorme potentiel. Ils fascinent, enchantent, divertissent et ensorcellent. Ils font ce pour quoi ils sont montés sur la scène : *ils motivent.*

En général, ces spécialistes de la motivation font du bon travail. Ils incitent les gens à réfléchir. Ils brossent des tableaux, une galerie de rêves plausibles, qui montrent aux gens ce qu'ils *peuvent* être, ce qu'ils sont capables de faire. Ils sont les joueurs de flûte du succès, guidant l'individu moyen vers un sort meilleur. Ils stimulent l'esprit des gens, leur inspirent de nouvelles idées et renforcent leur résolution à les appliquer, à agir, à accomplir quelque chose de valable, à se fixer des objectifs, à s'attaquer aux problèmes et à aller de l'avant. Mais il y a un hic avec ce genre de motivation : *elle est extérieure et elle ne dure donc pas.*

LA MOTIVATION EXTÉRIEURE TEMPORAIRE

Toute motivation *extérieure* est temporaire. La motivation extérieure en est une qui peut provoquer une prise de conscience, mais cela ne dure pas longtemps. La motivation extérieure provient d'une source externe. Elle peut vous pousser à apporter un changement, mais elle ne peut effectuer ce changement à votre place. Et elle ne peut pas vous empêcher de dévier de votre voie lorsque le motivateur n'est plus là. Car c'est bien le coach qui soutient, encourage, exige et récompense. Mais lorsqu'il n'est plus là, il n'y a plus de soutien ni d'encouragements, plus d'exigences ni de récompenses.

Supposons que, pendant les mois d'été, vous jouez à la balle au sein d'une équipe dont le but est de remporter le tournoi local. Votre équipe a la chance de pouvoir compter sur un entraîneur exceptionnel. Il attend beaucoup de vous, mais il vous donne également beaucoup d'encouragements. Il vous remonte le moral lorsque vous êtes découragé, il croit que vous pouvez gagner, et il n'est pas avare de compliments lorsque vous avez bien joué. Il est un grand motivateur et il guide votre équipe vers les sommets. Pendant tout l'été, il a été votre ami, votre allié et votre plus grand admirateur. Vous vous êtes reposé sur lui pour trouver une motivation et vous l'avez obtenue.

Et puis, la saison se termine et l'entraîneur rentre chez lui. Que croyez-vous qu'il emporte avec lui ? Votre motivation. Il était votre motivation. Maintenant qu'il n'est plus là, vous devez trouver cette motivation ailleurs. Pourquoi ? Parce que la motivation était extérieure. Vous ne l'aviez pas trouvée en vous. Elle n'était que *temporaire*.

Toutes les formes de motivation extérieure fonctionnent de la même manière. Tant que nous en recevons, nous nous améliorons. Dès qu'on nous l'enlève, nous revenons, mentalement, à notre point de départ. Nous avons peut-être progressé ou grandi, ou nous avons peut-être accompli quelque chose en cours de route, mais nous l'avons fait avec l'énergie de quelqu'un d'autre ; ce n'était pas la nôtre.

C'est pour cette raison que les gens pleins d'espoir qui assistent à des discours de motivation se retrouvent gonflés à bloc, remplis d'énergie, prêts à conquérir le monde, et puis ralentissent ou cessent tout effort quelques semaines, quelques jours ou même quelques heures après la fin de l'allocution. L'inspiration qu'ils ont sentie si fortement pendant la livraison du message est disparue. L'énergie et l'enthousiasme dont ils ont été submergés n'existent plus. Le spécialiste de la motivation a quitté la ville. Tout comme la majeure partie du rêve. Souvent, il ne vous reste que de quoi vous rappeler ce que vous auriez pu faire, mais n'avez pas fait.

Tout cela s'explique par le fait que la salle était remplie d'individus qui, à moins d'avoir d'abord appris à faire les choses différemment, avaient emporté avec eux leurs vieux programmes. Le conférencier s'était adressé à une salle remplie de vieux programmes – des programmes qui avaient été conçus pour *rejeter* inconsciemment la nouvelle information qu'il tentait d'y intégrer ! Il faut plus d'une heure ou deux pour neutraliser une ancienne programmation et la remplacer par une nouvelle.

Il faut davantage qu'un discours passionné pour effacer et remplacer ces programmes internes qui nous disent que nous avons mieux à faire que de croire soudain que nous sommes de grands champions du succès. La motivation durable exige plus que la simple lecture d'un livre, plus qu'un entretien occasionnel avec un superviseur ou un directeur, et plus que les encouragements d'un ami.

La motivation extérieure nous dit que nous sommes capables d'accomplir tout ce que nous voulons. Notre motivateur interne chichement programmé, notre subconscient, dit : « Balivernes ! » Nous pourrons croire le motivateur extérieur pendant un certain temps – nous *voulons* le croire ! Mais le vieux programme dans lequel nous baignons depuis toujours attend patiemment que nous revenions à la raison, que nous croyions de nouveau à ce que notre ancien conditionnement nous a enseigné et que nous mettions fin à cette idée folle de devenir très performant. Que nous ayons ou non les capacités de réussir ne fait aucune différence pour notre subconscient. Il continue de fonctionner en se fondant sur les dizaines de milliers de directives qu'il a reçues et il nous dit : « Non ! ... Tu ne peux pas. »

Il ne suffit donc pas que quelqu'un nous dise pendant une heure ou deux que « nous pouvons réussir ! » L'intention est bonne. Le discours est inspirant. Les idées sont incroyables. Mais lorsque le conférencier rentre chez lui – la motivation disparaît avec lui.

Ce serait tellement mieux si ce même conférencier s'adressait à un auditoire adepte du *monologue intérieur positif* – des gens dont l'ordinateur central serait doté de disques durs vierges, n'attendant qu'à recevoir de nouvelles données. Un subconscient qui a effacé son conditionnement négatif et qui l'a remplacé par des données positives est le terrain le plus fertile que l'on puisse trouver pour assurer la croissance et l'accomplissement.

SI VOUS ÊTES GESTIONNAIRE OU FORMATEUR

Les chefs d'entreprises et les directeurs de la formation devraient tenir compte de cette réalité. Si vous vous êtes déjà demandé pourquoi vos propres programmes de motivation devaient être si souvent répétés et renforcés, sachez que c'est parce que dans le cerveau humain, il est physiologiquement impossible qu'une motivation extérieure temporaire apporte des changements permanents. Vous pouvez bien sûr intensifier la motivation et la formation que vous offrez, en accroître la fréquence et ne jamais laisser le coach rentrer chez lui. Mais si jamais il le fait, l'ancien conditionnement qui gouverne le navire de vos employés reprendra le dessus. Une part de la motivation extérieure pourra durer un certain temps, mais elle finira par s'estomper et disparaître.

Si vous êtes responsable de la formation, du développement, de la motivation, de l'inspiration ou de la direction du personnel, quel que soit votre domaine d'activité – homme d'affaires, éducateur, membre du clergé, parent ou ami –, rappelez-vous que les gens à qui vous parlez *veulent croire* à ce que vous avez de mieux à leur offrir. Mais n'oubliez jamais que leurs progrès en matière d'acceptation, de croyances et d'actions seront d'abord et toujours filtrés par leur programmation et leur conditionnement.

Si vous voulez vraiment les rejoindre, visez d'abord leur monologue intérieur. C'est le monologue intérieur qu'ils entretiennent inconsciemment aujourd'hui qui déterminera s'ils vous ouvriront leur subconscient – ou s'ils en fermeront la porte. Visez d'abord le monologue intérieur qui les gouverne maintenant, guidez-les vers le monologue intérieur qui ouvrira la porte, et puis observez ce qui se passe. Les gens veulent s'améliorer et changer en mieux. Aidez-les, par le biais du monologue intérieur positif, à se voir d'un œil différent, et ils y arriveront.

La motivation extérieure présente un autre problème dont nous devrions être très conscients : une grande partie de cette motivation nous nuit. Voici comment. Nous assistons à un discours de motivation. Il est excellent et il nous motive et nous inspire. Si c'est un excellent discours, nous aurons à la fin une nouvelle vision et aurons pris l'engagement irrévocable d'apporter d'importants changements dans notre vie. Nous aurons peut-être même fixé des objectifs précis en ce sens.

Et puis, nous rentrons à la maison. Nous revenons au train-train quotidien et à ses distractions. Notre ancienne programmation nous rappelle subrepticement que nous ne sommes pas à la hauteur de ce que la personne sur la scène essayait de nous amener à croire. Nous ne sommes même pas conscients du puissant mécanisme interne qui s'affaire à neutraliser la nouvelle inspiration que nous avons puisée dans le discours du conférencier. Finalement, c'est notre programmation qui l'emporte. Pendant que nous écoutions le formateur, nous avons réajusté notre perspective et nous nous sommes fixés de nouveaux objectifs. Mais après quelques petits revers, notre ancienne perception de nous-mêmes refait surface, et nous ne réussissons pas à atteindre ces objectifs.

La déception devant cet échec, grand ou petit, fait souvent reculer l'individu! Je connais des hommes et des femmes capables de réussir qui, après avoir manifesté un enthousiasme débordant devant leurs nouveaux objectifs, ont tout abandonné lorsqu'ils n'ont pas réussi à les atteindre. J'ai connu des gens qui ont quitté leur emploi afin de trouver autre chose ailleurs, déçus d'eux-mêmes (bien qu'ils rejettent généralement le blâme sur quelque chose ou quelqu'un d'autre), convaincus que ce qu'on les avait jugés capables d'accomplir n'était qu'un conte de fées ou pire encore.

Personne ne leur avait dit qu'avant de pouvoir apporter un changement radical dans leur vie, ils devaient d'abord effectuer un petit changement à l'intérieur d'eux-mêmes. Personne ne leur avait dit qu'ils auraient pu atteindre ces buts excitants s'ils avaient d'abord appris à se parler à eux-mêmes.

Bien entendu, il y a de nombreux types de motivation extérieure qui ne ressemblent en rien aux rassemblements et aux discours. En fait, la majeure partie de la motivation que nous recevons est beaucoup moins évidente. Nous comptons sur des amis, des livres, des membres de notre famille, la chance, les problèmes, les réalisations et les pressions sociales pour nous dire quoi faire et poursuivre dans cette voie.

L'un des plus grands facteurs de motivation est la multitude d'exigences de la vie quotidienne. C'est souvent ce qui nous pousse à nous lever le matin, nous fait avancer et nous encourage à faire la majeure partie de ce que nous accomplissons tout au long de la journée. La plupart d'entre nous admettrons que, le plus souvent, nous nous disons « je dois », « je devrais », « il faut que je », « je suis censé » lorsque nous faisons quelque chose. Nous avons même créé un mot populaire pour exprimer le résultat d'une trop grande quantité de ce genre de motivation : *stress*. Mais ces facteurs de motivation extérieurs sont également temporaires. La motivation existe jusqu'à ce que les exigences disparaissent.

Étant donné que la véritable signification du mot motivation est « mettre en mouvement », il me semble qu'en fin de compte, s'il y avait vote, la majorité d'entre nous choisiraient plutôt nous-mêmes ce qui doit nous mettre « en mouvement » plutôt que de laisser quelqu'un d'autre le déterminer à notre place.

LA SEULE MOTIVATION QUI DURE

Et si vous étiez votre propre motivateur ? Et si vous vous preniez en main et retrouviez le contrôle de votre vie ? Vous le pouvez. Il suffit de comprendre que la seule véritable motivation – la seule qui dure, la seule sur laquelle vous pouvez compter – est la motivation *intérieure*.

Imaginez que vous avez un coach qui ne vous quitte jamais, saison après saison, et chaque jour de votre vie. Imaginez que vous n'avez plus besoin d'attendre que quelqu'un d'autre vous donne un élan. Imaginez que vous êtes capable de compter sur vous-même pour automatiquement et inconsciemment stimuler votre esprit, focaliser votre attention, être en harmonie avec vous-même, au sommet de votre forme et à l'écoute des autres, et réussir ! Pouvez-vous imaginer ne plus jamais avoir besoin de quelqu'un d'autre pour vous inciter à donner le meilleur de vous-même ?

Votre *coach intérieur* personnel est prêt à faire tout ça. Il est votre meilleur ami, votre plus grand allié et votre plus fervent partisan. Il vous dévoilera ce qu'il y a de meilleur en vous et vous aidera à l'étaler au grand jour. Il vous guidera, donnera un but à votre démarche, renforcera votre volonté et vous dotera de croyances inébranlables. Il vous sera à tout jamais fidèle. Ce coach ne rentrera jamais chez lui. Il est l'ultime motivateur. Il ne vous laissera jamais tomber. Il ne le peut pas – car ce motivateur, c'est *vous* !

Chapitre 12

Ce n'est pas de l'hypnose et ce n'est pas subliminal

Le monologue intérieur n'est pas de l'hypnose.

En fait, le monologue intérieur est presque le contraire de l'hypnose. L'hypnose exige que le sujet (vous) entre dans ce que l'on appelle un état de *transe*, l'un des divers paliers de la conscience qui ouvrent les portes du subconscient. Les suggestions verbales qui vous plongent dans cet état de transe peuvent vous être données par quelqu'un d'autre, ou à un moindre degré, par des CD diffusant un texte spécialement conçu à cet effet. Lorsque vous vous exercez à converser avec vous-même ou que vous écoutez votre monologue intérieur, vous n'êtes pas en transe – vous êtes bien éveillé et conscient.

Dans le domaine de la psychologie et dans certaines sphères de la science médicale, il n'y a pas encore consensus quant à ce qui se passe exactement lorsqu'une personne se trouve sous hypnose.

La plupart des chercheurs s'entendent pour dire que les individus qui sont placés sous hypnose deviennent plus réceptifs à certains types de suggestions. Il semble également y avoir moins de « confusion » entre l'esprit conscient et le subconscient – l'esprit conscient est moins sujet aux distractions et l'individu semble plus ouvert aux diverses suggestions et directives captées par son subconscient.

Certains praticiens expérimentés dans le domaine de l'hypnose sont arrivés à la conclusion que les états hypnotiques sont des états mentaux naturels. Tellement naturels que, en fait, toujours selon eux, nous sommes « hypnotiquement » influencés sur une base quotidienne par de subtiles suggestions dont nous n'avons même pas conscience.

Bien que certains médecins, psychiatres et psychologues remettent l'hypnose en question, il y a des professionnels œuvrant dans ces mêmes spécialités qui affirment l'avoir utilisée afin de libérer leurs patients de la douleur, de l'anxiété, du stress et même de les aider à changer des habitudes. Ces individus considèrent l'hypnose comme une approche sérieuse qui devrait être acceptée et utilisée dans le cadre de la science moderne.

Si vous choisissez d'utiliser le monologue intérieur et d'en devenir un adepte conscient et positif, il est important que vous compreniez pourquoi l'hypnose n'est pas un élément de ce monologue. La raison pour laquelle l'hypnose ne joue aucun rôle dans l'efficacité du monologue intérieur n'a rien à voir avec le fait que l'hypnose fonctionne ou ne fonctionne pas. Elle a plutôt trait à la responsabilité *personnelle* – et au fait que vous soyez conscient de votre programmation.

ASSUMEZ VOS RESPONSABILITÉS

La responsabilité personnelle est à la base de tout ce que nous pensons, faisons, concevons, ratons ou accomplissons au cours de notre vie. La *responsabilité personnelle* est au cœur de toute action individuelle. La responsabilité n'est pas un « devoir » ni un « fardeau ». Ce n'est pas la mesure des conséquences de vos actes : c'est le fondement de votre détermination individuelle à accepter la vie et à y trouver la satisfaction.

Le jour où vous êtes né, il y a de fortes chances que quelques personnes vous aient accueilli dans ce monde. Votre mère était là, et probablement un médecin, et peut-être une infirmière ou deux. Mais peu importe qui vous a tapoté le dos lorsque vous avez amorcé la vie humaine, c'est seul que vous avez commencé à respirer par vous-même. Peu importe l'aide que vous avez reçue, c'est *vous* qui avez aspiré cette première goulée d'air. Et puis une autre, et une autre. *Vous* avez fait cela ! Vous avez peut-être reçu un peu d'aide, mais c'est vous qui avez respiré. Personne ne l'a fait à votre place.

Un jour, nous mourrons tous. S'il vous est déjà arrivé de vous tenir au chevet d'un mourant, vous savez que peu importe la force avec laquelle vous teniez la main de cet être cher, c'est seul qu'il a poussé son dernier soupir. Lorsque vous et moi pousserons notre dernier soupir ici-bas, c'est seul que nous le ferons.

En dépit de l'aide que les autres peuvent apporter, en dépit des médecins et de leurs assistants, en dépit des besoins et des larmes de ceux qui restent, lorsque nous partons, nous partons seuls. Peut-être de nombreux esprits seront-ils là pour nous guider, mais parmi ceux que nous laissons derrière nous sur terre, personne ne peut faire le voyage avec nous. C'est seul que nous respirons la première fois, et c'est seul que nous expirons la dernière fois.

Alors pourquoi, entre-temps, pendant cette période que nous appelons la *vie*, nous attendons-nous à ce que quelqu'un d'autre respire *à notre place* ?

Jamais personne ne le fera. Personne ne pensera à notre place. *Jamais* personne n'habitera notre corps, ne connaîtra nos expériences, ne sentira nos peurs, ne caressera nos rêves ni ne versera nos larmes. Nous sommes nés, nous vivons, et nous quittons cette vie *entièrement* par nous-mêmes. Ce « moi » et l'esprit divin qui le gouverne sont ce que nous possédons. Absolument personne ne peut vivre un seul moment de notre vie à notre place. Nous devons le faire sans aide. C'est notre responsabilité.

La responsabilité personnelle est l'essence même du *moi*. En ce qui me concerne, je n'y renoncerais pas. Pourquoi voudrions-nous *même* que quelqu'un pense à notre place ?

L'hypnose peut être un moyen efficace d'influencer notre esprit d'une certaine manière. Mais lorsqu'il s'agit d'épanouissement personnel, j'opte plutôt pour des méthodes qui nous donnent un contrôle personnel – ces méthodes qui demandent et utilisent les avantages à long terme de la prise en charge – de la prise de nos responsabilités personnelles. En entretenant quotidiennement un monologue intérieur actif, vous exercez consciemment le contrôle et vous assumez la responsabilité de tout changement que vous apportez à l'intérieur de vous-même.

LE CONDITIONNEMENT SUBLIMINAL

Un proche cousin de l'hypnose a été populaire il y a un certain nombre d'années. On l'appelait souvent apprentissage « subliminal ». Voici comment fonctionne ce concept : à l'intérieur ou derrière un enregistrement « ordinaire » – musique douce, ruissellement de la pluie ou murmure d'un ruisseau dans la forêt –, vous entendez aussi, inconsciemment, des messages cachés.

Par exemple, il peut s'agit d'une musique spécialement enregistrée qui contient, gravé dans la trame sonore, un message parlé, mais inaudible. Vous entendez la musique, mais vous ne percevez pas consciemment la voix qui vous parle. Elle peut tenter de vous convaincre de perdre du poids, de réduire votre niveau de stress, d'accroître vos capacités, d'améliorer vos relations avec l'être cher ou de gagner davantage d'argent, en fonction de l'objectif visé.

Est-ce que ce genre de programmation subliminale est efficace ? Et si oui, est-ce le résultat du message subliminal qu'elle véhicule ou son efficacité découle-t-elle du fait que nous *pensons* qu'elle agit – un genre de placebo subliminal ?

Il y a de nombreuses années, nous avons appris que les propriétaires de cinémas inséraient de brefs messages subliminaux dans les films qu'ils projetaient afin de nous inciter à nous précipiter hors de la salle pour acheter une boisson gazeuse et du maïs soufflé. Le gouvernement s'est intéressé à cette pratique et les propriétaires de cinémas ont reçu une mise en garde et ont dû retirer ces messages subliminaux, et la fureur qu'avait soulevé ce « contrôle de l'esprit » s'est apaisée et a été en grande partie oubliée.

Il circule encore, toutefois, un certain nombre d'histoires à propos de centres commerciaux qui diffusent un message subliminal en même temps que leur musique d'atmosphère pendant la période des fêtes afin de réduire le nombre de vols à l'étalage. De plus, en visionnant des films image par image, j'ai pu observer que des illustrations de crâne humain et autres horreurs avaient été insérées dans les séquences d'action. Je suis certain que, lorsqu'elles sont projetées à la vitesse normale, ces images « subliminales » qui n'apparaissent que pendant une fraction de seconde et que nous percevons inconsciemment créent l'effet désiré dans notre esprit. Les intrusions subliminales dans notre subconscient ont une influence sur nous.

Les mêmes techniques peuvent-elles être utilisées pour nous convaincre d'acheter une marque de parfum précis ou une nouvelle gamme de cosmétiques ? Je crois que la majorité des directeurs d'agences de publicité admettraient en privé s'adonner à cette pratique. Si ces techniques subliminales sont efficaces, pourrait-on les utiliser pour influencer notre vote lors d'une élection ? Si l'esprit humain est, comme certains le prétendent, le terrain de jeu des puissants de ce monde, ceux qui manipulent et contrôlent nos pensées doivent certainement s'en donner à cœur joie !

En n'assumant pas la responsabilité de nos pensées, nous laissons notre esprit à la merci des autres. En tant qu'individus, nous méritons mieux. Si nous sommes *conscients* de notre programmation, nous sommes en mesure d'exercer davantage de contrôle sur nous-mêmes et sur notre esprit, individuellement, que toute autre source extérieure.

Le monologue intérieur est le contraire de ces intrusions subliminales. Le monologue intérieur est une prise en charge de votre programmation. Et c'est ainsi que les choses devraient être. Je vous encourage à voter avec votre libre arbitre, à penser par vous-même et à être toujours *conscient* des programmes que vous emmagasinez dans votre subconscient.

Chapitre 13

Si ce n'est pas simple, cela ne fonctionne pas

Plus nous en avons appris sur le monologue intérieur, plus nous avons découvert de moyens de l'utiliser – des moyens qui facilitent la mise en pratique et l'apprentissage tout en le rendant durable et efficace. Aucune idée, aussi bonne soit-elle, ne donnera de bons résultats si elle n'est pas bien utilisée. Lorsque j'ai étudié le domaine des initiatives pilotées par les missions et que j'ai examiné ses nombreux concepts, j'ai constaté qu'un grand nombre d'entre eux étaient très sensés et auraient pu être efficaces. Cependant, il était trop difficile de les mettre en pratique.

Même chez les plus grands enthousiastes de l'auto-assistance, tout « programme » qui exige trop de temps, trop de sacrifices ou qui est trop complexe pour être utilisé aisément, ne sera pas adopté. Je soupçonne que certains des meilleurs ouvrages et programmes audio traitant d'efforts personnels et de débrouillardise qui n'aient jamais été écrits s'empoussièrent actuellement sur une tablette ou ont été remisés au fond d'un placard, oubliés et à l'abri des regards derrière une pile de magazines vieux de deux ans, qui n'ont pas non plus été lus.

Les ouvrages et les programmes audio traitant d'auto-assistance tombent souvent dans la même catégorie que les appareils d'exercice qui ne sont utilisés qu'une fois et que l'on délaisse ensuite. Ils sont comme les haltères et les abonnements au gymnase, les ceintures amaigrissantes lestées de sable, les chaussures de jogging et les cours de langues étrangères pour autodidactes – cela nous semblait être une bonne idée au moment de les acheter, mais nous avons ensuite jugé que cela nécessitait trop d'efforts de notre part. Nous les avons donc délaissés en nous disant que nous y reviendrons un peu plus tard. Au lieu d'être vénérés au sein du cocon familial et de se détériorer lentement à cause d'une surutilisation, les livres et les gadgets coûteux d'auto-amélioration finissent souvent sur les tables des ventes-débarras du voisinage.

J'ai rencontré des dizaines de personnes qui m'ont parlé des livres et des programmes d'auto-assistance qu'ils avaient commencés sans jamais les terminer – et sans avoir mis en pratique leur contenu. Je peux les comprendre. Venir à bout d'un programme d'auto-assistance qui exige que l'on adopte une conduite monastique faite d'efforts assidus et de sacrifices ne stimule pas un engagement enthousiaste. Et même les programmes les plus simples sont assez difficiles à suivre jusqu'au bout.

LE RENONCEMENT

Lorsqu'il s'agit de consacrer du temps à des activités qui pourraient nous être bénéfiques, l'auto-amélioration est rarement notre premier choix. Les distractions normales de la vie quotidienne suffisent à empêcher l'individu même le plus optimiste de consacrer le temps ou l'énergie nécessaire pour faire une pause et s'y atteler. L'auto-amélioration est l'un de ces étranges remèdes qui, même s'ils devraient figurer à la tête de notre liste à cause des avantages qu'ils offrent, sont trop aisément mis de côté lorsque nous en avons le plus besoin. C'est comme si nous reportions la réparation du toit qui coule jusqu'à une journée où il ne risque pas de pleuvoir. Nous savons que cela doit être fait, mais nous donnons la priorité à autre chose.

La première fois que j'ai été témoin des étonnants résultats que les gens qui avaient mis en pratique certaines des idées et des techniques d'auto-assistance qu'ils avaient apprises obtenaient dans leur vie, j'ai été consterné de constater que tant d'autres ne réussissaient pas à faire la même chose. J'ai été attristé de voir les ravages qu'une piètre estime de soi et des croyances négatives créaient chez tant de gens, alors qu'il était évident que, avec un peu d'effort de leur part, il n'était pas nécessaire qu'il en soit ainsi.

Mais j'ai également découvert que peu d'individus qui souhaitaient apporter un changement significatif dans leur vie avaient la détermination et la motivation nécessaires pour travailler en ce sens. Ce n'est que plus tard, après avoir analysé les « méthodes » que les gens utilisent pour apporter un changement, que j'ai compris pourquoi ils n'étaient pas nombreux à les utiliser. À moins qu'un individu ne soit fortement prédisposé à l'autodétermination – à moins que son hérédité et son conditionnement précoce ne se soient soldés chez lui par une attitude et une volonté qui exigent une amélioration et un changement –, les obstacles courants de la vie de tous les jours l'arrêtent net dans son élan.

La majorité d'entre nous sait que nous pouvons faire mieux. Je doute être en mesure de trouver 10 personnes qui, si l'on insiste, diraient ne pas souhaiter elles aussi améliorer quelque chose à leur sujet. Nous sommes également conscients des avantages qu'une amélioration de nous-mêmes apporterait dans notre vie.

Nous sommes bien conscients des avantages matériels dont nous aimerions jouir – une nouvelle maison ou une nouvelle voiture, de nouveaux vêtements ou de nouveaux meubles, plus d'argent à la banque et tout ce qu'un revenu supplémentaire nous permettrait d'acquérir. La majorité d'entre nous aimerait également avoir davantage de temps et de liberté afin de faire les choses que nous souhaitons – du temps pour voyager, du temps à consacrer à notre famille, du temps pour nous détendre, du temps pour jouir de la vie, du temps pour créer ou du temps pour nous adonner à nos loisirs préférés avec nos amis. Et un grand nombre d'entre nous aimerait approfondir notre éducation, apprendre quelque chose de nouveau, nous intéresser à de nouveaux sujets et améliorer nos habiletés.

LA RIVALITÉ DU QUOTIDIEN

En fonction d'une loi naturelle de cause à effet, lorsque nous nous améliorons, les choses que nous souhaitons avoir dans la vie se matérialisent naturellement. Améliorez qui vous êtes, et en fonction de cette même loi, vous améliorerez votre vie. Plus vous réussirez à l'intérieur, plus vous attirerez automatiquement le succès à l'extérieur. Mais apporter des changements à l'intérieur de soi est rarement aussi facile que nous le souhaiterions. Lorsque nous prenons la décision de changer, nous nous heurtons soudain à un mur d'obstacles dont nous nous passerions volontiers. Lorsque nous prenons l'engagement de changer, nous nous retrouvons soudain à faire face à une compétition inattendue.

Lorsque nous voulons nous améliorer, nous n'entrons pas seulement en compétition avec notre ancienne programmation ; nous entrons en compétition avec les exigences de la vie quotidienne. Chacun de nous dispose de trois « ressources » qui nous permettent de traverser chaque journée. Ces ressources sont notre *temps*, notre *énergie* et notre *esprit* (ce que nous pensons et comment nous pensons).

Notre désir de nous améliorer rivalise avec le temps que nous consacrons à travailler, à prendre soin de notre famille et à satisfaire tous nos besoins. Il rivalise avec l'énergie que nous dépensons à faire tout ce qui est nécessaire pour uniquement maintenir un ordre raisonnable dans notre vie. Mais la plupart du temps, pour la majorité d'entre nous, cette réserve d'énergie est épuisée. Notre désir de nous améliorer rivalise également avec les exigences que nous nous imposons mentalement ou que d'autres nous ont imposées. Il y a tant de détails auxquels nous devons penser, tant de petites et grandes décisions à prendre, tant de choses à comprendre, de problèmes à résoudre, d'éléments à considérer, à interpréter et à gérer.

Nous sommes tellement occupés à régler ce qui est urgent que nous n'avons plus le temps, l'énergie ni la tête à faire ce geste qui pourrait améliorer tout le reste. Nous sommes trop occupés à réparer le train pour nous rendre compte que nous nous trouvons sur la mauvaise voie. Nous sommes trop occupés à rester en vie pour déterminer comment vivre.

Je me rappelle l'excitation que j'ai ressentie lorsque, il y a de nombreuses années, je suis tombé sur ce que j'ai cru être l'idée la plus exceptionnelle qui soit. C'était une technique toute simple qui n'exigeait que je ne passe que 20 minutes chaque soir à mettre par écrit mes objectifs, à évaluer mes progrès et à me visualiser en train d'atteindre ces buts que je m'étais fixés. J'ai immédiatement compris que si je consacrais ne serait-ce que ce bref moment chaque jour à me concentrer sur mes buts, surtout le soir avant de me mettre au lit et en rêvant, je pourrais alors accomplir tout ce que je voulais. Cette idée n'est pas nouvelle, mais elle fonctionne.

Cependant, ce que j'ignorais à cette époque et que j'ai vite appris, c'est qu'il est parfois difficile de trouver ne serait-ce que 20 minutes chaque soir. Lorsque vous occupez un emploi, élevez une famille et retournez aux études à temps plein, réussir à dormir cinq ou six heures par nuit relève du défi. Lorsque je devais étudier en vue d'un examen de psychologie et en même temps terminer un plan d'affaires que je devais présenter au bureau le lendemain matin à 8 heures, ces 20 minutes que j'étais censé consacrer chaque soir à la planification de mes objectifs et à mon « amélioration personnelle » sont vite passées du statut de priorité à celui de tâche impossible. Il est difficile de se concentrer sur ses buts lorsqu'on a de la difficulté à garder les yeux ouverts.

Ma première expérience avec l'amélioration personnelle n'a pas été remarquable. L'idée était excellente, et elle l'est toujours. Mais, comme j'allais l'apprendre plus tard, l'application pratique de cette grande idée n'était pas pratique.

LES BONS OUTILS

À ce jour, des millions de gens ont tenté d'appliquer le même genre d'idées merveilleuses, avec les mêmes résultats. Parmi eux, très peu ont persévéré. J'applaudis ceux qui l'ont fait. Mais j'éprouve beaucoup de sympathie pour les autres. Ceux qui voulaient réussir, mais qui n'y sont pas arrivés, ou qui en ont été incapables, avaient quelque chose en eux et ils voulaient réussir tout autant que ceux qui y sont parvenus. Ils n'avaient tout simplement pas les bons outils. Ils n'ont pas trouvé un moyen de s'améliorer qui donnerait des résultats pour eux. Peut-être n'étaient-ils pas aussi déterminés que ceux qui ont réussi. Peut-être que d'autres engagements se sont dressés sur leur route. Mais ils voulaient réussir, et s'ils avaient trouvé la bonne façon d'y arriver, ils auraient atteint leur objectif.

Comment pouvons-nous alors espérer qu'une idée véritablement bonne, qui pourrait nettement améliorer nos conditions de vie, donne des résultats alors que si peu d'entre nous avons le temps et l'énergie physique ou mentale pour faire ne serait-ce qu'une tentative ? La réponse à cette question est très importante. C'est la réponse qui fera qu'une bonne idée donne des résultats et qu'une autre n'en donne pas : *pour que tout concept de progrès personnels soit efficace, il doit être simple. Il doit être facile à mettre en pratique. Et alors, il se doit de donner des résultats !*

Chapitre 14

Les nouvelles techniques

Les techniques qui rendent le monologue intérieur si efficace sont simples, et elles sont étonnamment faciles à utiliser. Certaines d'entre elles nécessitent que l'on y consacre du temps, et d'autres pas du tout. Il y a cinq différentes méthodes pour utiliser le monologue intérieur ; vous pouvez choisir de les employer toutes ou encore de n'opter que pour quelques-unes d'entre elles.

UN MONOLOGUE INTÉRIEUR SILENCIEUX, MAIS PUISSANT

C'est le monologue intérieur qui ne cesse jamais, quoique nous n'en soyons généralement pas conscients. Le monologue intérieur silencieux peut prendre la forme d'un dialogue que nous entretenons consciemment ou inconsciemment avec nous-mêmes. C'est lorsque nous commençons à remplacer un vieux discours par un nouveau monologue positif ; c'est l'une des techniques les plus faciles et les plus naturelles à utiliser. Même maintenant, alors que vous venez à peine de prendre conscience de ce qui distingue le monologue intérieur négatif de Niveau 1 («*Je ne peux pas...*») et de Niveau 2 («*J'ai besoin de...*»), il y a de fortes chances que vous ayez déjà commencé à utiliser le monologue intérieur positif des Niveaux 3 et 4 («*Jamais je ne... Je n'ai plus*») et («*Je suis...*») Lorsque vous vous parlez silencieusement à vous-même. C'est un changement qu'il est aisé d'apporter. Il nécessite davantage une prise de conscience que d'efforts, et ce type de monologue intérieur devient rapidement une habitude naturelle et automatique.

Le monologue intérieur silencieux est composé de tout ce que vous pensez à votre sujet ou à propos de ce qui vous entoure. C'est cette subtile transition entre une attitude négative et une attitude plus positive et productive.

Au lieu de vous lever le matin et de vous dire que vous préféreriez rester au lit, votre nouveau monologue intérieur devrait vous aviser qu'une magnifique journée commence, qu'il fait bon d'être vivant et qu'il est temps d'en profiter. Étant donné que la majeure partie des choses que nous appelons des problèmes ne sont en réalité que *perçues* comme des problèmes, la façon dont vous les abordez détermine si elles le sont ou non ; il suffit que vous vous disiez de les regarder sous un jour plus favorable. Si vous pensez que cela semble un peu trop facile, adoptez cette approche pendant une journée et voyez ce qui arrive.

Rappelez-vous que lorsque vous commencerez à reformuler votre monologue intérieur, votre ancienne programmation tentera de vous arrêter. Donc, prenez d'abord la décision de ne pas écouter ce vieux programme négatif qui tente de vous dire que cela ne fonctionnera pas. Rappelez-vous également que votre ancien monologue intérieur est une habitude. En sachant à quoi vous attendre, vous serez prêt à l'affronter, à le neutraliser, et vous pourrez alors commencer à développer une nouvelle habitude.

En l'espace d'un jour ou deux, vous commencerez à remarquer tous les propos nuisibles que vous vous êtes dits à vous-même. Étant donné que vous avez pris la décision de vous débarrasser de tous les vieux meubles qui se trouvaient dans votre appartement mental, vous saurez reconnaître ces moments où vous tentez de les récupérer. Faites acte d'autorité. Soyez inflexible ! Laissez-les dehors.

Au début, chaque jour, soyez attentif à tout ce que vous vous dites. Prenez mentalement note de tout ce que vous pensez ou de ce que vous vous dites qui puisse ressembler à un mauvais type de monologue intérieur et reformulez aussitôt le tout sur un ton positif. « Je n'arrive pas à m'organiser aujourd'hui » devient immédiatement : « *Je suis organisé et je maîtrise la situation, surtout aujourd'hui !* » Lorsque vous vous entendez dire quelque chose comme : « J'ai vraiment un problème avec ce... », reformulez votre phrase et dites « *Je peux y arriver ! Je suis une personne compétente et je sais résoudre les problèmes.* » « Je n'arrive tout simplement pas à perdre du poids » devient : « *Perdre du poids n'est pas un problème pour moi. J'ai une alimentation saine et équilibrée, je perds du poids et j'ai une silhouette fantastique !* »

Au lieu de vous dire que vous êtes fatigué – à un moment de la journée où vous ne pouvez pas vous le permettre –, dites-vous plutôt immédiatement que vous débordez d'énergie et d'enthousiasme. Et si cela ne vous fait pas soudain vibrer d'énergie, ce n'est pas grave ; vous vous exercez à vous parler d'une manière toute neuve, et vous ne faites que commencer à donner une nouvelle série de directives à votre subconscient. Continuez à le faire chaque fois que vous en avez l'occasion, et vous obtiendrez bientôt des résultats. La façon dont nous nous « sentons » – fatigués ou pleins d'énergie, abattus ou enthousiastes – est mentale et *chimique* ; c'est physiologique.

Pensez à un moment où vous n'aviez même plus envie de vous lever de votre chaise. La journée avait été longue, vous aviez travaillé dur et vous étiez physiquement et mentalement épuisé. Et puis le téléphone a sonné et c'était le bon appel au bon moment ; quelqu'un vous appelait pour vous donner de bonnes nouvelles, ou c'était un appel de la personne la plus importante du monde pour vous. Et soudain, qu'est-il arrivé à votre énergie ? Qu'est-il arrivé à votre enthousiasme ? Une montée d'adrénaline vous a *instantanément* ramené à la vie. Quelque chose avait-il vraiment changé ? Seulement les signaux que vous avez envoyés à votre cerveau et qui ont activé certains commutateurs, envoyant des messages à chaque partie de votre organisme, vous dictant de vous sentir merveilleusement bien, alors que quelques instants auparavant vous n'arriviez pas à bouger.

Un grand nombre des messages que vous vous transmettez à vous-même par le biais du monologue intérieur ne sont pas toujours aussi évidents. Mais le cerveau réagit tout aussi rapidement et produit des résultats tout aussi puissants, qu'ils soient manifestes ou non. Rappelez-vous que vos pensées sont des impulsions électriques qui dictent à votre cerveau d'activer ou de désactiver des commutateurs dans votre centre de contrôle mental. En remplaçant votre monologue intérieur négatif par de nouvelles commandes, vous activez dans votre cerveau des centres de contrôle chimiques et électriques qui sont sains et productifs, et qui travailleront automatiquement *pour* vous et non *contre* vous.

Nous avons tous vécu des disputes matinales qui ont ruiné le reste de notre journée. (Une dispute de 10 minutes tôt le matin dépose suffisamment d'éléments chimiques toxiques dans notre organisme pour qu'il nous faille huit heures pour les neutraliser !) Changez votre programmation. Reformulez vos pensées. Au lieu de perdre une journée à vous sentir déprimé ou abattu, vous gagnerez ainsi une journée marquée par des réalisations fructueuses. Vous vous sentirez mieux sur le plan émotionnel ; vous serez en meilleure santé, tant mentalement que physiquement, et vous vous entendrez mieux avec les autres. Au lieu de marquer cette journée du sceau de l'échec, vous aurez remporté une autre victoire.

LE MONOLOGUE INTÉRIEUR QUE VOUS UTILISEZ LORSQUE VOUS PARLEZ AUX AUTRES

Tout ce que vous dites à autrui à propos de vous-même fait partie de votre monologue intérieur. Ce que vous dites lorsque vous parlez aux autres compose une grande partie des images et des directives que vous envoyez *à* votre subconscient.

Il est logique que si ce que vous dites se traduit par de mauvaises images ou des informations négatives, votre cerveau traitera ces dernières d'une manière qui vous nuira.

Si vous dites constamment à un ami que vous n'aimez pas votre emploi, cela ne vous aidera en rien. Il est de loin préférable de changer d'attitude en modifiant la programmation que vous vous donnez, surtout lorsque votre emploi (ou toute autre situation) ne s'améliorera pas uniquement parce que vous vous en plaignez.

Votre monologue intérieur est au cœur de ce qu'on appelle « l'acceptation » et il contribue à former la façon dont vous voyez la vie chaque jour. Il nous arrive tous parfois de nous sentir obligés d'endurer une situation éprouvante. Mais il ne tient qu'à nous de laisser cette situation nous nuire, ou bien de prendre la décision de la voir sous un autre angle.

Nous formulons des centaines de commentaires ou d'énoncés chaque jour. On pourrait croire qu'il n'est pas primordial de les exprimer tous d'une façon positive. Mais sachez que *chacun de ces énoncés est une directive que vous envoyez à votre subconscient.* Et considérez ensuite qu'ils s'additionnent pendant une semaine, un mois, ou un an. Cela fait des dizaines de milliers d'importantes directives que vous envoyez à votre subconscient. Elles sont réellement importantes, elles jouent un grand rôle dans tout ce que vous accomplissez, dans la façon dont vous vous sentez et dans *la personne que vous devenez.*

Le moyen le plus facile de découvrir les gens qui sont de vrais battants dans la vie et ceux qui ne le sont pas est de prêter attention à leur monologue intérieur lorsque vous conversez avec eux, de remarquer ce qu'ils disent lorsqu'ils abordent n'importe quel sujet.

Les battants entretiennent un monologue intérieur plus positif (*peu importe* le sujet), ce qui se traduit par une attitude qui donne des résultats gagnants. Cela ne veut pas dire que les « battants » n'ont pas de problèmes. Cela ne signifie pas non plus que toutes leurs journées sont parfaites. Mais examinez leurs gains moyens dans la vie au fil des mois et des années. Meilleur est leur monologue intérieur, meilleur est leur pointage. Plus leur approche est positive, plus ils réussissent. Avec le temps, leur monologue intérieur positif devient une habitude aussi automatique que marcher, bouger, manger ou dormir. Et lorsque ce que l'on dit quand nous parlons aux autres – formulé d'une manière positive – devient une habitude, les réussites sont récurrentes.

Faites attention à tout ce que vous dites, en tout temps et peu importe à qui vous parlez. Vos paroles reflètent-elles l'image que vous voulez que votre cerveau reçoive ? Si ce n'est pas le cas, utilisez d'autres mots. Reformulez vos propos. Apprenez à créer des programmes internes qui sont sains chaque fois que vous vous exprimez. Ce n'est pas difficile. Et cela peut littéralement changer votre vie.

DES CONVERSATIONS AVEC VOUS-MÊME

Ce type de monologue est l'un des plus faciles à utiliser, et il peut également être très amusant. Cette technique consiste à s'entretenir avec soi-même à voix haute et à alimenter seul l'ensemble de la conversation. C'est l'une des formes les plus efficaces du monologue intérieur, car elle sollicite plusieurs sens et vous amène à travailler davantage à l'installation de votre nouvelle programmation. Lorsque vous tenez une conversation avec vous-même, une plus grande partie de vous est engagée !

Lorsque vous commencerez à vous exercer à tenir ce genre de conversations, vous voudrez peut-être vous enfermer dans la salle de bain et verrouiller la porte. Lorsque vous commencerez à vous parler à voix haute, à entretenir une conversation avec vous-même, à vous poser des questions et à y répondre, les membres de votre famille pourront penser que vous avez finalement perdu la raison.

Il m'est déjà arrivé de prendre l'avion de Chicago à destination de San Francisco, avec une escale à Denver, le soir du 23 décembre, un jour avant la veille de Noël. À cause du mauvais temps, le départ de Denver a été retardé et, à 23 h 20, on nous a informés qu'en raison de la tempête de neige, nous devrions passer plusieurs heures et peut-être même toute la nuit à l'aéroport de Denver.

Étant donné que c'était une période très occupée de l'année, tous les vols étaient complets et comme tous les avions étaient cloués au sol à Denver, le hall et les édifices du terminal ont rapidement été remplis de passagers, dont aucun n'était enchanté de devoir passer la nuit à l'aéroport, de rater sa correspondance et peut-être même de ne pas arriver à temps pour passer la veille de Noël à la maison. Je ne crois pas avoir vu autant de gens contrariés en un seul endroit en même temps. De toute évidence, dans leur esprit, c'était la faute de l'aéroport s'il neigeait – après tout, qui aurait bien pu blâmer Dieu parce qu'une tempête de neige s'abattait sur la ville de Denver juste avant la veille de Noël ?

Après avoir évalué la situation, j'ai décidé que le moment était propice pour m'exercer à converser avec moi-même. Je voulais rentrer à la maison tout autant que n'importe qui, et j'ai pensé que le moment était bien choisi pour tester l'efficacité d'une petite programmation instantanée. J'ai regardé autour de moi et j'ai remarqué que les chaises dans la zone d'attente trouvaient vite preneurs, mais qu'il y en avait trois qui étaient encore libres. Je me suis donc dirigé dans cette direction, je me suis assis sur celle du centre et j'ai commencé à me parler à voix haute.

D'une voix claire, assurée et forte, je me suis tourné vers moi-même et j'ai dit : « Salut, Shad ! On dirait bien que nous sommes cloués au sol ! »

— Ouais ! ai-je répondu avec assurance. Qu'est-ce que tu aimerais faire ?

— Bavardons ! »

Et c'est ainsi que s'est amorcée l'une des conversations les plus intéressantes qu'il m'était arrivé d'avoir – *avec moi-même !*

Et cela a fonctionné! Non seulement mon stress s'est atténué et suis-je devenu la personne la plus détendue dans cet aéroport, mais personne n'a pris place ni à ma droite ni à ma gauche!

Il y a cependant une façon moins voyante et plus sécuritaire de s'adonner à une conversation avec soi-même et je vous recommande de l'essayer dès que vous en aurez l'occasion. Je l'appelle la « conversation sous la douche ». Voici comment faire. Demain matin, lorsque vous entrerez sous la douche, dites-vous : « Bonjour! » Dites-le à voix haute en souriant. Saluez la journée avec ardeur et une attitude positive, et dites-vous que cette journée qui commence sera fantastique. « Tu as l'air bien aujourd'hui! Tu te sens bien, tu es en forme et tu es prêt à relever n'importe quel défi! » Et puis, répondez-vous. « Je me sens merveilleusement bien! Plus particulièrement aujourd'hui! J'aime qui je suis et je suis heureux d'être vivant et de commencer cette journée! »

Même si vous ne consacrez que deux ou trois minutes à cette motivation intérieure vibrante, elles vous permettront de démarrer du bon pied, avec enthousiasme et dynamisme, et de faire d'une journée ordinaire une journée exceptionnelle. Et cela fonctionne! Pensez en quoi cette façon vivifiante et positive de commencer la journée, comment ce monologue qui donne confiance, sont supérieurs à la façon dont nous amorçons généralement nos journées.

Bien que vous puissiez entretenir cette conversation avec vous-même en silence, vous verrez que lorsque vous vous parlez à voix haute, vous vous obligez à traduire vos pensées en mots. Cela vous aide à clarifier vos pensées sur un sujet donné et à faire preuve de plus de précision que si vous laissiez uniquement vos pensées dériver dans votre esprit.

L'un des avantages de se parler de cette manière, à voix haute, et d'entretenir une conversation avec soi-même, est de pouvoir ainsi se poser des questions et d'obtenir des réponses directes. La première fois, vous pourrez être étonné des réponses que vous obtiendrez. Nous nous connaissons assez bien, mieux que nous le croyons parfois. Par conséquent, la majorité des réponses aux questions que nous nous posons sont les vraies réponses : des réponses qui font en sorte que nous cessons de nous faire des illusions et voyons les choses telles qu'elles sont. (Conseil : lorsque vous vous posez une question, et que vous voulez vraiment obtenir une réponse, formulez-la trois ou quatre fois, et attendez d'obtenir une réponse après l'une ou l'autre de ces interrogations.)

Lorsque vous commencerez à vous parler à voix haute, vous vous sentirez peut-être un peu ridicule. Cela a été mon cas. Mais en l'espace d'un jour ou deux, les avantages l'emporteront sur le léger embarras que vous avez ressenti au début. Et bientôt, vous vous parlerez dans votre voiture, lorsque vous serez seul au bureau, pendant que vous ferez une promenade – partout.

Mettez à profit ces précieux moments de solitude que nous chérissons tous. Dites-vous que vous allez bien, que vous allez plus que bien ! Allez-y, dites-le à voix haute ! Si vous avez une question à laquelle vous n'avez pas encore trouvé de réponse, posez-la. *Demandez-vous des conseils.* Vous avez en vous un très bon ami qui attend de vos nouvelles.

LA RÉDACTION DU MONOLOGUE INTÉRIEUR

Certaines personnes m'ont dit que coucher sur papier leur monologue intérieur avait été l'un des projets les plus agréables qu'ils aient jamais entrepris.

D'autres, tout aussi motivés, des adeptes du monologue intérieur en devenir, m'ont dit que l'utilisation, la lecture ou l'écoute du monologue intérieur était fantastique, mais qu'ils n'arrivaient tout simplement pas à trouver le temps ou peut-être la créativité nécessaires pour écrire, phrase par phrase, le monologue intérieur dont ils avaient besoin pour arriver à apporter les changements qu'ils souhaitaient.

Le monologue écrit doit être formulé avec des énoncés soigneusement choisis qui abordent directement les plus importantes des nouvelles directives que vous voulez acheminer vers votre subconscient – la nouvelle programmation que vous souhaitez par-dessus tout y installer.

Lorsque j'ai commencé à chercher des moyens pratiques de tirer avantageusement parti du monologue intérieur, j'ai commencé à le coucher sur papier pour chaque domaine d'amélioration personnelle et j'ai ensuite établi une routine quotidienne en le relisant. Cela a été efficace, mais il m'a fallu du temps et des efforts soutenus. D'autres individus qui ont essayé cette méthode ont obtenu les mêmes résultats, mais dans chaque cas, son efficacité était directement proportionnelle aux efforts consentis.

Je me suis d'abord servi de fiches pour rédiger mon monologue intérieur, un énoncé par fiche. L'individu qui persévère dans cet exercice finira par rassembler toute une série d'énoncés couvrant une variété de situations. Chaque fois qu'un but ou un problème précise se présente, ces énoncés peuvent être utilisés jour après jour jusqu'à ce que le but soit atteint ou le problème résolu.

Bien que les résultats aient été manifestes, les efforts que j'ai dû consentir pour créer cette série de fiches ont souvent interféré avec le maintien efficace d'un programme de monologue intérieur continu. Finalement, après avoir observé des individus qui utilisaient cette technique, je suis arrivé à la conclusion que la majorité des gens ne sont tout simplement pas conditionnés pour rédiger leur monologue intérieur. Et donc, ils ne le font pas.

Je ne dis pas qu'écrire son monologue intérieur se doit d'être une corvée. Mais à moins d'aimer jouer avec les mots et d'être prêt à suivre les « règles » de formulation qui donnent les meilleurs résultats, peu importe à quel point vous souhaitez commencer à utiliser le monologue intérieur, vous pourriez être interrompu au moment même où vous commencez.

Mais, pour ceux qui apprennent à bien formuler leurs énoncés (dans les chapitres subséquents, je propose des exemples dont vous pourrez vous inspirer), la rédaction d'un bon monologue intérieur est un moyen efficace de modifier une ancienne programmation. Elle focalise votre attention, vous fait réfléchir et vous engage activement dans le processus qui consiste à effacer une programmation négative et à la remplacer par une programmation positive. Cette approche – cet engagement – affine votre initiative et augmente votre détermination.

En mettant par écrit votre monologue intérieur, vous devenez plus conscient de vos objectifs – vous devenez plus intéressé, et l'intérêt crée de l'énergie. Plus vous mettez de l'énergie dans un projet, plus vous avez de chances de réussir. J'ai dit plus tôt que lorsqu'on cherche un moyen de s'améliorer, si ce n'est pas simple, cela ne fonctionne pas. Donc, avant de décider si la rédaction de votre monologue intérieur sera simple ou non, faites un essai. Si cela ne fonctionne pas pour vous, il y a d'autres moyens d'arriver à vos fins. Si le fait d'écrire *fonctionne* pour vous, alors non seulement vous apprécierez le processus, mais vous serez enchanté par les résultats.

L'ÉCOUTE DU MONOLOGUE INTÉRIEUR

Le meilleur moyen que j'ai trouvé pour modifier nos vieux programmes est de se mettre à l'écoute de notre monologue intérieur. Cela ne prend pas plus de temps; la plus grande part du travail est faite pour nous, et c'est *très* efficace.

L'émergence du monologue intérieur enregistré, tout d'abord sur cassette et ensuite sur CD, est pratiquement le fruit du hasard. Il y a une trentaine d'années, je rédigeais une compilation encyclopédique de monologues intérieurs pouvant s'appliquer à toutes sortes de situations. Cette compilation est ensuite devenue un livre intitulé *Le Pouvoir de la motivation intérieure*. C'est à cette époque que je voulais désespérément perdre quelques kilos.

Donc, lorsque je voulais utiliser un nouveau monologue intérieur, je rédigeais soigneusement des énoncés sur des fiches que je collais autour de mon miroir de manière à pouvoir les lire à voix haute ou en silence pendant que je me préparais à aller au travail. J'ai découvert que le fait de remplir chaque matin mon esprit avec un monologue intérieur adéquat était une excellente façon de commencer la journée. Cela m'orientait dans la bonne direction et me mettait dans un état d'esprit adéquat pour m'atteler à mes tâches.

Avant de tenter d'utiliser le monologue intérieur pour m'aider à perdre du poids, j'avais pratiquement tout essayé : des régimes qui ne fonctionnaient pas, des cliniques d'amaigrissement que je finissais par cesser de fréquenter, des diètes improvisées (qui équivalaient généralement à me laisser mourir de faim) et des programmes combinés consistant par exemple à faire 30 minutes d'exercices et puis à ne boire ensuite que du jus de pamplemousse.

D'une manière ou d'une autre, il semblait toujours que plus je faisais de l'exercice, plus j'avais faim. Et plus je perdais de poids, plus je sentais qu'il me fallait me récompenser avec « un petit quelque chose », généralement des aliments que je n'aurais pas dû manger, car je gagnais alors plus de kilos que je n'en avais perdus. Mon histoire était identique à celle de dizaines de milliers d'autres personnes qui avaient suivi un régime et perdu du poids pour le reprendre aussitôt.

Mais qu'arriverait-il, me suis-je demandé, si je rédigeais un monologue intérieur spécialement conçu pour perdre du poids – et ne jamais le reprendre ? Pourquoi ne pas soumettre le monologue intérieur à l'épreuve ultime ?

J'ai commencé à écrire un monologue intérieur visant la perte de poids sur les fiches que je lisais habituellement le matin et je les ai collées sur le miroir. J'ai brossé le portrait le plus flatteur à mon sujet – mon poids, mon alimentation, ma santé, mon énergie – tout ce que, je le savais, donnerait une toute nouvelle image de moi à mon subconscient. J'ai créé le monologue intérieur qui allait créer un « moi » en meilleure santé, plus mince, et j'en ai soigneusement choisi et formulé les mots. J'ai rédigé des dizaines de fiches, chacune d'elles me dépeignant sous mon meilleur jour, chacune d'elles complétant une facette de l'image de celui que je souhaitais devenir.

J'avais appris beaucoup plus tôt que lorsqu'on veut régler un problème ou atteindre un but, il faut soulager bien plus que les symptômes ; il faut d'abord s'occuper de tous les programmes qui sont à l'origine du problème. J'ai donc rédigé un monologue intérieur traitant de l'estime de soi, de la confiance en soi, de la volonté et de la détermination. J'ai écrit un monologue intérieur qui allait me donner le courage de persévérer, un monologue intérieur qui me parlait de bien-être et d'énergie, et qui allait m'empêcher de recourir à la nourriture pour résoudre des problèmes auxquels je ne m'étais pas encore attaqué. J'ai rédigé un monologue intérieur qui creusait derrière les symptômes de manière à révéler les causes, un monologue intérieur qui me permettrait de reprendre le contrôle, me stimulerait et m'encouragerait à persévérer.

Chaque matin, je lisais mes fiches, une à une, et j'ai bientôt commencé à remarquer leur effet. Elles donnaient peu à peu des résultats. Lentement mais sûrement, j'ai commencé à croire ce que les fiches me disaient. Mais tout aussi sûrement, j'ai également remarqué que m'astreindre à cette routine matinale devenait difficile.

Nous savons tous à quoi peuvent ressembler certains matins. Nous avons autre chose à quoi penser. Parfois, nous n'avons tout simplement pas de temps à consacrer à notre amélioration personnelle. Certains matins peuvent être pénibles, et le fait de trouver de 10 à 15 minutes chaque jour est vite devenu un fardeau et n'a plus trouvé sa place dans mon horaire et dans celui de ma famille. Pendant ce temps, je crois que si j'ai perdu quelques kilos, c'est uniquement parce je ne prenais pas de petit-déjeuner avant de me rendre au bureau.

UN MOYEN ENCORE MEILLEUR

Il se devait d'y avoir un meilleur moyen! Je connaissais l'efficacité du monologue intérieur. Je l'avais constatée chez moi et chez les autres. Mais je savais qu'il devait y avoir un moyen plus facile.

Plusieurs années avant cette époque, j'avais commencé à développer des programmes audio d'auto-amélioration à l'intention du personnel d'une société de vente. J'avais écrit et produit sur cassette un programme qui consistait principalement en une version préliminaire, primitive, du « Je peux y arriver ! » Il s'agissait d'un monologue intérieur que les vendeurs pouvaient écouter lorsque les ventes étaient en baisse. Et à la même époque, j'avais également produit une cassette audio à mon intention et que j'avais utilisée pour m'aider à atteindre certains des buts personnels et professionnels que je m'étais fixés.

Je suppose que si j'écoutais ces premières cassettes aujourd'hui, je me sentirais quelque peu embarrassé par leur qualité nettement moins professionnelle. Mais je me rappelle qu'elles ont connu un certain succès, et que non seulement quelques vendeurs ont tiré profit de leur écoute, mais que j'en ai moi aussi bénéficié en écoutant de temps en temps les quelques paroles d'encouragement que j'avais écrites et enregistrées d'une façon moins qu'experte sur ces cassettes maison.

Mais ce sont ces premières cassettes d'auto-amélioration qui allaient mener, des années plus tard, à une percée majeure. Pour tenter de régler mon problème de poids, j'ai décidé d'écouter un monologue enregistré.

Et c'est ce que j'ai fait. Chaque matin, pendant que je me rasais, j'écoutais ce nouveau monologue sur cassette. Chaque jour, au volant de ma voiture, et chaque soir, juste avant d'aller au lit, j'écoutais des cassettes.

En 10 semaines et demie, j'ai perdu 26 kilos uniquement en me rasant et en écoutant ce monologue !

Mon médecin a été stupéfait. En commençant ce nouveau « programme », j'avais veillé à bien faire les choses – une bonne alimentation composée d'excellents aliments. Je me rappelle avoir reçu un appel de la réceptionniste de mon médecin après avoir perdu 26 kilos. Elle voulait savoir quel régime j'avais suivi ! (C'était il y a plus de 25 ans, et je n'ai jamais repris ces kilos. Mon nouveau monologue intérieur s'était débarrassé des programmes qui avaient causé mon problème de poids en premier lieu.)

Mais ce qui était particulièrement intéressant pour moi, c'était que pendant ces 10 semaines et demie pendant lesquelles j'ai perdu du poids, mon épouse, qui se maquillait à l'autre extrémité du même miroir chaque matin, a perdu 11 kilos en ne faisant qu'écouter distraitement mes cassettes !

C'est peut-être à ce moment-là, plus qu'à tout autre, que j'ai reconnu l'incroyable pouvoir du subconscient, et l'influence naturelle de quelque chose d'aussi simple que d'écouter un monologue pour arriver à accomplir quelque chose.

Tout à coup, j'avais une méthode – une *technologie* qui jumelait des principes d'auto-programmation solides et un outil que tout le monde pouvait utiliser, et qui serait aussi efficace, sinon plus, que toutes les autres techniques que j'avais découvertes. De plus, c'était un outil technologique qui fonctionnait d'une manière qui se révélait directement et naturellement compatible avec le fonctionnement du cerveau.

Peu après avoir commencé à recommander cette technique aux gens, j'ai également commencé à recevoir des commentaires des utilisateurs, des commentaires qui m'ont grandement surpris. Je savais que cela fonctionnait! Mais en recevant ces lettres et en constatant sans cesse les mêmes résultats, j'ai été résolument convaincu.

IL N'EST PAS NÉCESSAIRE DE CROIRE

Voici un exemple typique. J'ai reçu une lettre d'une femme qui avait assisté à un séminaire sur le monologue intérieur et qui avait décidé d'écouter des enregistrements audio afin d'améliorer ses « relations familiales » – et plus particulièrement sa relation avec son mari. Les choses n'allaient pas très bien entre eux, financièrement ou autrement, et elle voulait que leur situation s'améliore. Entre-temps, son mari lui donnait tous les signes d'une rupture lente, mais prévisible.

La femme était passée maître dans l'art de rédiger des fiches et de les lire, ainsi que d'écouter quelques-uns des programmes audio que je lui avais recommandés. Elle a écouté des cassettes traitant de l'amélioration des relations personnelles, de l'estime de soi, de l'établissement d'objectifs et de responsabilité personnelle. Elle les écoutait chaque matin, quand elle le pouvait durant la journée, et chaque soir avant de se coucher. Elle laissait tourner son lecteur de cassettes – veillant à ne pas déranger son mari lorsqu'il écoutait la télévision le soir et à ne pas l'importuner le matin. Elle écoutait tout simplement les cassettes. Selon elle, lorsqu'elle a commencé à faire tourner ces casettes de monologue positif en arrière-plan, son mari n'aurait pas pu moins s'en préoccuper.

Mais après une semaine ou deux, son conjoint et elle sont sortis dîner un soir et ils ont discuté des cassettes pendant le repas. Il est vite apparu qu'il n'y croyait pas. Mais comme je le dis à mon auditoire pendant les séminaires que j'anime : « Ne vous souciez pas trop de ce que pensent les gens autour de vous. Continuez à écouter vos CD. » C'est alors que, un jour à la fin de la troisième semaine, son mari lui a demandé de repasser l'une des cassettes qu'elle avait écoutées le matin pendant qu'ils s'habillaient. Elle avait déjà remarqué qu'ils se disputaient moins, mais il n'avait encore jamais manifesté d'intérêt réel envers ce qu'elle écoutait chaque jour. Peu après, son mari a commencé à montrer des changements notables dans son comportement avec elle et dans son attitude vis-à-vis des problèmes qu'il avait au travail.

Par conséquent, ils se sont mis tous deux à se parler davantage, à dresser quelques nouveaux plans et à travailler ensemble. Le monologue intérieur de la femme avait eu le même effet sur son époux ! Le fait qu'il y croyait ou non n'avait pas fait de différence – *son subconscient ne s'en souciait pas* –, l'homme a tout simplement agi en fonction de la nouvelle information qu'il inscrivait inconsciemment dans son esprit. Sans même y penser, il avait accepté la nouvelle programmation, plus positive, qui était diffusée en *arrière-plan* pendant leur vie quotidienne. Au début, l'un des deux époux « croyait », et l'autre pas. Mais cela n'a fait aucune différence.

À toutes les grandes inventions de l'humanité, la roue, la presse à imprimer, l'automobile, la radio, la télévision et l'ordinateur, j'ajouterais la cassette et, aujourd'hui le CD. Jamais auparavant au cours de notre histoire n'avons-nous eu un outil pratique et courant, que l'on trouve dans tous les foyers, qui puisse littéralement *modifier* nos programmes internes en nous permettant tout simplement d'écouter un monologue intérieur – en arrière-plan, pendant quelques minutes chaque jour.

De nos jours, cette écoute nous offre des avantages sans égal dans le domaine du développement personnel. Le principal avantage est que vous pouvez apprendre parfaitement ce nouveau monologue intérieur uniquement en l'écoutant – *pendant que vous faites autre chose.* (Ne faites que le diffuser à faible volume en arrière-plan.) Il n'est pas nécessaire que vous l'écoutiez attentivement. Il suffit de pouvoir l'entendre. Votre subconscient le captera, et il s'empressera d'intégrer la nouvelle information positive que vous lui fournissez à votre sujet, que vous y pensiez consciemment ou non.

RÉPÉTITION, RÉPÉTITION, RÉPÉTITION

Le secret pour apprendre tous ces types de monologues intérieurs est la *répétition*, la *répétition* et la *répétition*. Au départ, c'est ainsi que le cerveau a été conçu pour recevoir sa programmation. Donc, lorsque nous nous répétons des énoncés positifs, comme c'est le cas lorsque nous écoutons des monologues sur CD ou sur un lecteur audio portable, nous nous donnons les programmes que nous *aurions* dû recevoir en premier lieu – et nous obtenons ces nouveaux programmes de la manière la plus naturelle possible – en les *entendant*. Et parce que c'est un enregistrement, nous l'entendons à répétition, parfaitement bien formulé. C'est grâce à cette forme de répétition que le cerveau assimile le plus aisément et le plus rapidement ce nouveau monologue intérieur et le rend permanent.

Aujourd'hui, de nombreuses années plus tard, alors que des milliers de personnes partout dans le monde intègrent chaque jour *le positif* dans leur vie, uniquement en écoutant des enregistrements, ma position est très claire : si je le *pouvais*, j'introduirais d'une manière ou d'une autre un monologue intérieur positif et inspirant dans chaque famille et chaque foyer, partout. Aucun foyer ne devrait en être privé. Si le monologue intérieur faisait partie de tous les foyers, notre vie serait meilleure, et notre monde serait un lieu beaucoup plus radieux.

UN MEILLEUR AMI ET UN COACH PERSONNEL

Il est impossible d'écouter un monologue intérieur enregistré sans se sentir mieux, sans penser mieux, sans faire mieux, et ce dès les premières minutes. Et pendant qu'il nous met en condition et nous stimule, nous remplissant de cet enthousiasme qui transforme une journée ordinaire en une journée exceptionnelle, il nous programme aussi soigneusement et intensément de manière à rendre *chaque* journée plus efficiente, plus productive et plus enrichissante à tous les égards. Écouter ce genre de monologue intérieur est comme avoir un coach personnel, un meilleur ami qui se tient à nos côtés, qui nous encourage, nous motive et nous stimule, qui croit en nous et nous aide à aller de l'avant ce jour-là, qui nous aide à donner le meilleur de nous-mêmes.

Si vous voulez profiter de l'une des méthodes les plus utiles qui soient pour améliorer votre avenir, je vous encourage à écouter ce genre d'enregistrements. Mettez un CD dans votre lecteur audio et laissez-le jouer à faible volume en arrière-plan. Votre subconscient écoutera, même si vous n'y prêtez pas attention.

(Note : vous pouvez commander des CD couvrant des sujets clés à www.selftalkstore.com.*)*

Chapitre 15

Peu importe vos besoins, peu importe votre situation dans la vie

Lorsque vous commencez à utiliser activement le monologue intérieur, ce pour quoi vous le ferez dépendra tout d'abord de ce que vous voulez régler ou accomplir. Mais étant donné que le monologue intérieur devient une habitude spontanée, « auto-entretenue » – *plus vous l'utilisez, plus vous l'utilisez* –, son efficacité dépendra davantage de l'adoption de cette habitude que de votre objectif.

Ce que vous faites dans la vie, votre éducation, vos problèmes ou vos buts ne fait aucune différence. Que vous ayez réussi ou échoué par le passé ne fait aucune différence ; le monologue intérieur agit de la même façon pour tout le monde. *Les rouages du cerveau humain sont totalement insensibles à votre situation dans la vie.* N'importe qui peut utiliser le monologue intérieur et tirer profit de ses résultats.

Pour vous donner un exemple des nombreuses façons dont le monologue intérieur actif peut faire une différence, examinons seulement quelques aspects de notre carrière et de notre vie personnelle qui pourraient être améliorés grâce au type de monologue intérieur dont nous discutons ici. Les possibilités d'utilisation du monologue intérieur ne sont limitées que par l'individu. Il y a autant d'utilisations possibles qu'il y a de gens qui ont des besoins. La majorité de ces exemples, à un moment donné et d'une certaine manière, nous conviennent à tous.

LA MISE EN PRATIQUE DU MONOLOGUE INTÉRIEUR

Si vous êtes gestionnaire

Nous sommes tous en quelque sorte des « gestionnaires ». La bonne gestion est composée de deux éléments. Premièrement, la gestion efficace commence toujours par une bonne autogestion. On peut très bien être diplômé en gestion et ne jamais acquérir les habiletés essentielles permettant de gérer du personnel si l'on ne maîtrise pas d'abord les principes de l'autogestion. Les véritables leaders ont un excellent contrôle de soi ; ils sont aux commandes de leurs gestes, de leurs sentiments, de leurs attitudes et de leurs opinions.

Deuxièmement, un bon gestionnaire sait comment développer les qualités et les habiletés de son personnel.

Le monologue intérieur influe directement sur ces deux exigences. Si deux gestionnaires sont également qualifiés, s'ils sont semblables à tous points de vue, et que l'un utilise un monologue intérieur positif et adopte des attitudes positives avec ses employés, et que l'autre ne le fait pas, quel gestionnaire aura de meilleures chances de réussir ?

Les gestionnaires ont une occasion exceptionnelle d'appliquer le monologue intérieur à pratiquement toutes les situations auxquelles ils font face au travail, chaque jour. Si vous voulez que votre entreprise soit concurrentielle, qu'elle prenne de l'expansion et prospère, mettez le monologue intérieur au service de votre équipe. Au lieu de remplacer des employés, commencez par remplacer leurs « Je ne peux pas » internes par de nouvelles croyances, par des « Je suis capable » et « J'ai confiance en moi ». Le monologue intérieur permet cela. Et l'un des domaines où il est le plus efficace est justement la gestion du personnel, de manière à ce qu'il accomplisse son travail de la bonne façon.

Si vous voulez gagner davantage d'argent ou améliorer votre stabilité financière

Notre potentiel de revenus est individuellement déterminé par chacun de nous. Ce sont avec nos propres croyances que nous en fixons les limites. Si vous voulez gagner davantage d'argent, vous devez commencer par vous considérer comme une personne valable, méritoire, capable et bien disposée – et agir en conséquence.

Lorsque nous voulons augmenter nos revenus, nous sommes trop nombreux à commettre l'erreur de nous attaquer au problème sous le mauvais angle. Nous essayons de trouver un moyen de gagner davantage d'argent avant de croire que nous sommes capables de le faire. Parlez-vous de votre valeur. Lorsque vous commencez à créer une nouvelle image de vous qui vaut davantage, votre subconscient vous aidera à en faire une réalité. Je ne veux pas simplifier à outrance cette tâche qui consiste à accroître votre valeur financière de façon significative, mais j'ai appris qu'elle dépend beaucoup plus de l'attitude, des croyances et de la détermination que de la situation qui est actuellement la vôtre.

Si vous songez sérieusement à augmenter vos revenus, commencez par consacrer trois semaines à vous parler de valeur personnelle et de valeur financière – et, ensuite, fixez-vous des objectifs et dressez un plan. Lorsque vous déterminez qui vous êtes vraiment à l'intérieur, et ce que vous êtes capable d'accomplir, il est beaucoup plus facile de voir ce qu'il convient de faire. Commencez par votre programmation ; le reste suivra.

Si vous avez des enfants, enseignez à des enfants ou travaillez avec des enfants

J'entends souvent dire que l'introduction d'un nouveau monologue intérieur dans un foyer a une influence sur les enfants. Dans la majorité des cas, c'est l'un des parents, ou les deux, qui commencent à utiliser un monologue intérieur positif dans le but de régler un problème et de faciliter l'atteinte d'un objectif. Étant donné que l'utilisation du monologue intérieur dans un domaine nous amène habituellement à utiliser un monologue intérieur adéquat dans d'autres domaines, il n'est pas surprenant que les enfants, lorsqu'ils l'entendent à répétition à la maison, commencent à leur tour à l'utiliser, pratiquement par accident.

J'ai toujours été étonné par la facilité avec laquelle les enfants acceptent *naturellement* un nouveau monologue intérieur positif, et même parfois avec beaucoup plus de facilité que leurs parents. Cela ne peut s'expliquer que par le fait que les enfants sont plus prêts à accueillir avec enthousiasme tout ce qui leur dit quelque chose de bon à propos d'eux-mêmes. Notre moi intérieur préfère de loin entendre ce qu'il y a de meilleur à notre égard que d'entendre quotidiennement un discours sur les erreurs que nous faisons. Les enfants sont plus près du potentiel original avec lequel nous naissons tous. Les enfants sont enclins à croire en ce qu'ils peuvent accomplir tant que leur programmation ne les a pas amenés à croire en ce qu'ils ne peuvent pas faire.

CRÉER UNE MEILLEURE CHANCE DE RÉUSSIR

Imaginez un foyer dans lequel l'un de deux enfants a eu l'occasion d'écouter et d'apprendre un monologue intérieur positif, alors que le second en a été tenu à l'écart ou n'a pas pu en profiter. Même si ces enfants sont autrement similaires, imaginez comment chacun d'eux réagira différemment aux situations qui se présentent dans leur jeune vie.

Ce qu'un enfant pense à son sujet influera sur sa réussite scolaire, sur le choix de ses amis, sur ses relations avec les autres, sur la façon dont il abordera les problèmes de l'adolescence et dont il gardera le contrôle de lui-même lorsque la pression de ses pairs l'encouragera à prendre la mauvaise voie, sur le choix de son partenaire de vie, de sa carrière et sur son taux de réussite dans tous les domaines de sa vie, grands et petits.

Si ces deux enfants existaient, l'un chez qui le monologue intérieur a créé une forte estime de soi, de bonnes habitudes et un esprit positif qui lui fait dire « Oui, je peux ! », et l'autre qui a été contraint de se fier à la programmation boiteuse que nous recevons tous en général, pour lequel voteriez-vous ? Je voterais pour celui qui a une attitude gagnante. Parallèlement aux caractéristiques innées qui lui ont été léguées par l'hérédité, la croyance en soi *est* l'enfant. Le jeune enfant *deviendra* ce qu'il croit le plus à son sujet. Si vous voulez que votre enfant fasse les *bonnes choses*, commencez par le commencement. Commencez par son monologue intérieur.

Des parents m'ont demandé pourquoi leur fils ou leur fille avait choisi les pires camarades avec qui se lier d'amitié. Nous cherchons tous, et plus particulièrement les adolescents, à nous associer avec des gens qui, croyons-nous inconsciemment, nous ressemblent le plus. Si un enfant a une perception moins que positive de lui-même, il choisira ses amis en fonction de cette image – même si cela donne lieu à de mauvaises fréquentations. Donnez à votre enfant une meilleure image de soi et il choisira ses amis en fonction de celle-ci. Si l'on dit à un adolescent qu'il n'est bon à rien, il cherchera à fréquenter des gens qui entrent dans cette catégorie, ou pire encore.

Le monologue intérieur peut changer cela. Parce que le monologue intérieur modifie l'image que l'on a de soi : *il change la programmation, qui alors crée les croyances, qui ensuite développent les attitudes, qui à leur tour créent les sentiments, qui finalement modèlent le comportement.*

Il y a de nombreuses années, j'ai commencé à plancher sur une série de livres pour enfants destinés à les aider à améliorer leur estime de soi en apprenant à utiliser un bon monologue intérieur alors qu'ils sont jeunes.

Ce projet n'est pas encore achevé, mais mes travaux m'ont permis de créer une série spéciale de programmes audio spécialement conçus pour les enfants – l'un étant intitulé *Self-Esteem for Kids* à l'intention des jeunes enfants, et l'autre *Self-Esteem for Older Kids* à l'intention des enfants plus âgés (de 7 à 17 ans). Alors que le programme destiné aux adolescents est présenté à peu près de la même manière qu'il le serait aux adultes, celui que j'ai créé à l'intention des jeunes enfants a recours au personnage principal de ma série de livres pour enfants, « Shadrack the Bear » (l'ours Shadrak). (Shadrak qui est originaire de la planète Excellence vient sur Terre pour aider à défendre les petits Terriens de la menace des terribles Négatroïdes qui tentent de leur voler leur estime de soi et de détruire le bel avenir qu'ils ont devant eux.)

Donc, depuis maintenant plusieurs années, j'ai le plaisir de rencontrer de jeunes enfants lors de séminaires portant sur l'estime de soi. J'y rencontre même de jeunes adultes qui ont littéralement « grandi » en écoutant le monologue intérieur de l'ours Shadrak. Il est absolument remarquable de faire la connaissance de ces jeunes gens qui ont grandi dans un foyer où le monologue intérieur avait sa place. Je serai toujours très fier d'avoir introduit l'ours Shadrak et son discours portant sur l'estime de soi dans ces foyers. Et, à propos de ces livres pour enfants… Je vous tiendrai au courant.

(Eh oui, ces programmes, maintenant sur CD, pour les jeunes enfants, de 0 à 6 ans, et pour les plus âgés, de 7 à 17 ans, sont disponibles à www.selftalkstore.com.)

Si vous voulez résoudre un problème ou surmonter un obstacle

Je vous ai déjà donné des exemples de monologue intérieur permettant de résoudre des problèmes. Un problème peut être une difficulté quelconque – grande ou petite – que nous souhaitons vaincre. Nous voudrons peut-être utiliser le monologue intérieur pour régler de sérieux dilemmes ou tout simplement pour convenir d'un arrangement à la suite d'une plainte. Et dans certains cas, même une brève utilisation d'un monologue intérieur adéquat vous aidera à franchir une petite étape qui vous permettra d'obtenir d'importants résultats.

DES MOTS SIMPLES, D'IMPORTANTS RÉSULTATS

Un jour, j'ai reçu un appel pendant une émission de radio en direct. Une femme m'a alors dit, ainsi qu'aux auditeurs, qu'elle n'avait pas réussi à obtenir un seul entretien d'embauche depuis les deux dernières années. Elle avait autrefois été une excellente adjointe administrative. Elle avait quitté cet emploi pour élever ses enfants. Elle voulait maintenant retourner sur le marché du travail, mais pendant qu'elle était restée à la maison, elle avait perdu jusqu'aux derniers vestiges de confiance en soi sur le plan professionnel. Plus le temps passait, plus elle était convaincue qu'elle serait incapable de trouver du travail. Cela faisait deux ans qu'elle n'envisageait que le pire des scénarios et elle avait fini par y croire.

Elle nous a alors dit que si elle n'obtenait pas d'entrevues, c'est parce qu'elle n'arrivait pas à trouver le courage de faire des appels téléphoniques ! De toute évidence, ce n'était pas en quelques petites minutes que j'arriverais à lui redonner confiance en elle ; elle s'était donné trop de mal, trop longtemps, pour détruire son estime de soi, et la situation ne pouvait être renversée instantanément. Mais j'ai senti, uniquement en l'entendant raconter son histoire, qu'elle souhaitait vraiment changer. J'ai donc choisi de lui proposer une étape très simple. Je lui ai parlé du monologue intérieur qui lui permettrait d'appuyer sur une touche – le premier chiffre du numéro de téléphone qui lui permettrait d'obtenir une entrevue – et ensuite sur une autre, et encore une autre, etc. Elle a dit qu'elle essaierait de le faire et nous sommes passés à un autre appel.

J'ai été ravi, mais pas complètement surpris, lorsque, 30 minutes plus tard, le dernier appel de la journée nous est parvenu de cette même femme. Elle avait réussi. Elle avait commencé par composer un chiffre, et puis un autre. Je lui avais dit plus tôt que si elle ne franchissait qu'une petite étape à la fois, une touche à la fois, alors la suivante serait tout aussi simple. Je lui avais dit d'appuyer sur la touche suivante et de s'arrêter si elle le souhaitait. Mais je lui avais également dit de poursuivre si elle se sentait bien après avoir appuyé sur une touche, d'utiliser le monologue intérieur que je lui avais suggéré, et de continuer à composer le numéro.

Je crois que tous les auditeurs l'ont applaudi en même temps que moi lorsqu'elle a dit qu'elle avait réussi à composer les sept chiffres du numéro de téléphone – pour la première fois en deux ans – et qu'elle allait se rendre à sa première entrevue à 9 h 30 le lendemain matin ! Je n'oublierai jamais le ton de sa voix. C'était de la jubilation. C'était : « Je peux y arriver. Je l'ai fait ! »

C'était une minuscule étape à franchir. Il n'a fallu que quelques petits mots positifs. Elle a réussi à faire ce qu'elle se croyait incapable d'accomplir. Elle l'a fait toute seule. Et elle a changé d'une manière positive et productive quelques-unes des années les plus importantes de sa vie. Le monologue intérieur a peut-être été simple, mais les *résultats* ont été marquants.

Si vous voulez atteindre des buts

L'établissement d'objectifs est l'un des plus importants moyens de les atteindre que j'ai jamais trouvés. Se fixer des buts, et travailler à les atteindre, est primordial pour qui veut être en santé, riche et sage. Des buts valables sont essentiels à un épanouissement personnel véritable et durable.

Imaginez que vous vous fixez des buts et que vous les alimentez continuellement ensuite avec l'énergie du monologue intérieur. Vous pourriez peut-être les atteindre sans ce dernier, mais votre parcours serait plus ardu. Donnez vie à vos rêves, donnez de la force à vos ambitions et éclairez votre voie. Faites en sorte d'arriver à bon port. Fixez-vous des buts, travaillez à les atteindre et parlez-vous chaque jour en cours de route.

L'établissement d'objectifs et le monologue intérieur vont de pair. Mais parlez-vous de la bonne manière et votre cheminement en sera facilité. Si vous ne vous fixez pas encore de buts – et ne les couchez pas sur papier –, vous devriez le faire. Si vous le faites déjà activement, alors faites don à vos buts de votre confiance en vous. Greffez-y chaque jour des mots qui vous guideront et vous encourageront. De bons buts méritent de bons mots.

Si vous voulez améliorer votre situation professionnelle

D'une manière ou d'une autre, nous sommes tous assujettis à des directives établies par les autres. Nous devons tous suivre des règles. Le regard que vous jetez sur votre emploi, votre vocation, vos associés ou votre employeur, patron ou superviseur aura un impact important sur votre rendement et la satisfaction que vous tirerez de votre travail. Si vous vous dites que vous n'aimez pas votre emploi – vous ne l'aimerez probablement jamais. Si vous vous dites que vous êtes malheureux avec votre patron ou votre employeur – vous le serez probablement toujours.

COMMENT TIRER PARTI DU MONOLOGUE INTÉRIEUR

Mettez toutes les chances de votre côté. Parlez-vous de votre travail et de vos collègues d'une manière qui fait en sorte que votre emploi *travaille* pour vous – et cela sera le cas. Vous pouvez décider d'être satisfait de votre sort et de votre emploi, ou vous pouvez décider de rentrer à la maison chaque soir en vous plaignant de ce qui vous déplaît.

D'après vous, qu'est-ce qui distingue le plus un employé heureux et motivé d'un employé pour qui tout va toujours mal ?

Tout dépend entièrement de son attitude et de ses sentiments – qui à leur tour dépendent entièrement de la détermination personnelle de chacun à voir son travail sous un jour sain et positif – ou non. Les employés qui « ont la chance de leur côté » la créent généralement eux-mêmes. Croyez que vous pouvez atteindre vos objectifs sur le plan professionnel, et vous augmenterez automatiquement vos chances d'y arriver.

Si jamais vous prenez l'habitude de critiquer votre emploi, de vous en plaindre ou de le détester, prenez du recul et parlez-vous. Il y a des gens dont la situation est pire que la vôtre ; certains d'entre eux adoreraient avoir votre chance. Votre emploi ou votre profession font beaucoup plus que payer vos factures. Il ou elle vous donne l'occasion d'exceller, d'exiger le meilleur de vous-même et de mettre ces attentes en pratique. Votre réussite dépendra toujours de ce que vous pensez, de ce que vous vous dites le plus souvent. Exigez le meilleur de vous-même et dites-vous ce qu'il y a de mieux. Si vous le faites, il y a de fortes chances que c'est ce que vous obtiendrez.

Si vous voulez mieux réussir dans vos études – ou chaque fois que vous tentez d'améliorer vos habiletés

Vous n'êtes peut-être pas étudiant en ce moment, mais si c'est le cas, ou si vous envisagez de retourner aux études, votre monologue intérieur pourrait être le facteur déterminant de votre réussite – scolaire et personnelle. Premièrement, le monologue intérieur peut vous aider avec les notions de base ; il peut vous aider à mieux écouter, à mieux vous concentrer, à développer de bonnes habitudes d'étude et à les conserver, à renforcer votre détermination à persévérer, à aiguiser votre mémoire, à vous donner du courage et à garder le cap sur vos objectifs.

Bien réussir à l'école ou apprendre quelque chose de nouveau ne diffère pas de toute autre réalisation dans la vie ; les mêmes attitudes, habiletés et confiance en soi sont requises. Mais étudier et apprendre nécessite un monologue intérieur particulier. Il ne fait aucun doute que le programme qui gère votre ordinateur intérieur aura un effet direct sur votre réussite pédagogique. Si vous souhaitez un coup de pouce, dans vos études ou ailleurs, assurez-vous que votre ordinateur renferme le programme qui vous permettra d'atteindre vos objectifs. Ajoutez le monologue intérieur à votre programme d'études. Votre rendement n'en sera que meilleur.

Si vous êtes déprimé ou si vous vous sentez seul

Si les choses ne vont pas très bien, il est temps de changer votre programme et de voir la vie sous un jour meilleur! Le monologue intérieur est particulièrement efficace pour contrer la solitude ou la dépression et il est facile à mettre en pratique. Étant donné que le monologue intérieur a une incidence sur vous et ce que vous pensez, il s'attaque directement à la racine du problème. Dans le cas de la solitude, il n'y a pas que les conversations que vous avez avec vous-même qui peuvent vous aider. Il est vrai qu'une partie du temps que vous passez seul pourra être mis à profit grâce à ces conversations que vous entretenez avec vous-même. Mais c'est la programmation que crée le monologue intérieur qui est le plus utile si vous voulez transformer cette expérience de la solitude en une expérience positive et fructueuse.

NOUS L'AVONS CRÉÉ – NOUS POUVONS LE CHANGER

Certaines personnes croient que nous pouvons changer tout ce que nous avons créé dans notre vie. Mais ce n'est pas facile. Le désespoir et l'abattement qui accompagnent la dépression font trop souvent partie de la vie d'un grand nombre d'entre nous.

Mais ces types de dépression que nous créons nous-mêmes peuvent être allégés ou supprimés; les pensées et l'humeur qui les causent peuvent être remplacées par le changement rafraîchissant des images mentales que fait naître le monologue intérieur. N'importe qui d'entre nous peut se plonger dans la dépression et le découragement – et peut tout aussi bien s'en sortir en se parlant. Il n'est pas nécessaire d'avoir une volonté de fer ou de connaître une formule magique ; il faut un nouveau discours qui renforcera la confiance que nous avons en nous, qui procédera à un ajustement de notre perception de soi et du monde qui nous entoure.

C'est à nous de décider de la façon dont nous voulons voir les choses. Si nous voulons voir notre situation comme étant sombre et décourageante, nous le pouvons. Si nous voulons par contre la voir comme acceptable, prometteuse, adaptable et pleine de possibilités positives, nous le pouvons. Mais il ne suffit pas de vouloir que les choses aillent bien. C'est la raison pour laquelle elles ont déraillé au départ – nous n'avons pas créé les bonnes images, les bonnes données pour obtenir le résultat souhaité. Et c'est une chose sur laquelle nous pouvons tous avoir une incidence.

LES OCCASIONS D'UTILISER LE MONOLOGUE INTÉRIEUR SONT INFINIES

Si vous souhaitez tout simplement réussir

Chacun de nous aimerait accomplir *quelque chose*, ainsi que tous ceux qui croisent notre route. Pour certains d'entre nous, il s'agit de devenir meilleur, de réussir dans un ou deux domaines de notre vie. Pour d'autres, il s'agit d'exceller dans tous les domaines. Si nous énumérions ces aspects de notre vie, de ces problèmes, circonstances ou occasions que le monologue intérieur nous aiderait à surmonter, gérer ou saisir, la liste n'aurait pratiquement pas de fin.

Si vous voulez accroître votre estime de soi, accomplir davantage de choses, changer d'emploi, acquérir une nouvelle habileté, devenir plus créatif, diminuer votre stress, mieux prendre soin de vous, cesser de vous inquiéter, surmonter la dépression, dépasser vos limites, mieux vous entendre avec les autres ou mieux réussir dans tout ce que vous entreprenez, sachez que votre monologue intérieur autoprogrammé est au cœur de votre réussite.

Pensez à un emploi, une carrière, un poste, une tâche ou une occasion. Quelles que soient les circonstances, qui parmi nous a le plus de chances de réussir ? Ceux qui se sont donné un avantage supplémentaire en matière de confiance en soi et de détermination à surmonter leurs peurs et à contourner les obstacles, ou ceux qui résistent à leur potentiel, s'en tiennent à leur vieille programmation et vivent dans l'incertitude, le doute et le scepticisme ?

Et vous, quelle attitude adopteriez-vous ? Pensez pendant un instant à un problème que vous aimeriez régler, dès maintenant, ou à un changement que vous aimeriez apporter en vous ou dans votre vie. S'il y avait en vous deux personnes, et que l'une passe maître dans l'art du monologue intérieur positif et productif, et que cela n'est pas le cas de l'autre, pour laquelle voteriez-vous ? Pour ma part, je sais pour qui je voterais, chaque fois.

MONOLOGUE INTÉRIEUR ET COACHING PERSONNEL

Le coaching personnel est l'un des concepts les plus nouveaux et nettement l'un des meilleurs que j'ai trouvés pour aider les gens à s'améliorer. Et il est très, très populaire. De nos jours, des gens de tous les horizons trouvent de l'aide auprès de mentors qualifiés qui les aident à atteindre des buts qui, autrement, seraient demeurés hors de leur portée.

Il n'est pas étonnant de voir à quel point ce phénomène mondial qu'est le coaching personnel s'est répandu et donne des résultats. Des mentors ayant une formation professionnelle aident les gens de façon remarquable. Le coaching personnel est vraiment efficace.

Cette réussite s'explique principalement par le fait que ces mentors ont une approche axée sur des « réalisations concrètes » plutôt que sur une orientation thérapeutique. Les mentors qualifiés réussissent très bien à aider leurs clients à obtenir des résultats réalistes et positifs dans de nombreux domaines de leur vie – et ils les aident sans recourir à des techniques thérapeutiques d'analyse d'anciens problèmes et à des conseils psychologiques. Les mentors spécialisés aident leurs clients à regarder en avant, à préciser leurs objectifs, à demeurer motivés, à se fixer des buts et à les atteindre.

J'ai commencé à m'intéresser à l'épanouissement personnel en tant que pionnier dans le domaine du coaching personnel, développant d'abord un « système » structuré, étape par étape, il y a plus de 38 ans. C'était avant que l'expression « coaching personnel » ne fasse son apparition. C'était également avant que le concept de monologue intérieur, comme nous le comprenons aujourd'hui, ne soit créé, et avant que nous apprenions les méthodes nous permettant d'établir « activement » nos objectifs. Par conséquent, en tant que pionnier, j'ai dû encadrer des gens sans les deux plus importants outils dont disposent aujourd'hui les meilleurs mentors. Même si le concept de coaching que j'avais développé donnait de bons résultats, je savais que des mentors bien outillés pourraient aider beaucoup plus de gens. Nous n'avions tout simplement pas tous les outils dont nous avions besoin.

C'est sur cette base de mes premières expériences en tant que mentor que, quelques années plus tard, j'allais constater que la découverte du monologue intérieur en tant que percée sur le plan du développement personnel pourrait également être une percée majeure – et un grand pas en avant – dans le domaine du coaching personnel. Imaginez des mentors capables de non seulement aider leurs clients à préciser leurs objectifs et à se fixer adéquatement des buts, imaginez également des mentors capables d'aider chacun de leurs clients à modifier tous les programmes qui les ont jusque-là empêchés d'avancer – et à les remplacer par de nouveaux programmes de confiance en soi ! Et imaginez des mentors qui feraient tout ça en amenant leurs clients à écouter précisément le bon monologue intérieur. Telle est la force du monologue intérieur, et il a changé à tout jamais la qualité et le professionnalisme du coaching personnel.

(Si vous agissez actuellement comme mentor et n'utilisez pas le monologue intérieur dans le cadre de votre programme de coaching – en suggérant à vos clients d'écouter chaque jour des programmes spécialement conçus en ce sens –, je vous recommande d'ajouter cette approche à votre pratique. Vous constaterez une amélioration remarquable du niveau de rendement chez vos clients ! Et ils adoreront le supplément de motivation que cela leur procurera quotidiennement !)

Depuis cette époque, avec l'ajout du monologue intérieur et les méthodes les plus récentes d'établissement actif des objectifs, le système de coaching personnel que j'ai créé il y a 38 ans s'est développé et est maintenant l'un des plus prisés dans le monde. On l'enseigne au Life Coaching Institute et c'est sans aucun doute le programme le plus pratique et le plus utile à court terme que je connaisse. Et c'est pour cette raison que, dans une large mesure, je dois remercier le monologue intérieur.

Si vous faites partie de ceux qui, comme moi, sont animés d'une passion pour aider les gens, ou si vous avez déjà songé à faire une carrière dans le domaine du coaching personnel, je vous encourage à aller en ligne et à examiner le programme de formation à distance offert par le Life Coaching Institute. Son programme d'accréditation en coaching personnel est exceptionnel ; je suis fier d'avoir participé à sa création. Et je suis tout particulièrement fier du grand nombre de mentors qui ont été formés par l'Institut et qui propagent maintenant les avantages d'un excellent coaching – et d'un excellent monologue intérieur – à travers le monde.

(Note : pour de l'information sur cette formation et cette reconnaissance officielle, communiquez avec The Life Coaching Institute à www.lifecoachinginstitute.com.*)*

Chapitre 16

Comment changer des habitudes

Des nombreuses façons dont on peut utiliser le monologue intérieur sous ses diverses formes, vous constaterez que toutes les suggestions et les énoncés entrent dans l'une de ces quatre catégories : les monologues intérieurs qui permettent de *changer des habitudes* ou de *renforcer des attitudes*, et les monologues intérieurs *motivationnel* ou *situationnel.*

La majorité d'entre nous a une ou deux habitudes que nous aimerions changer. Cela a généralement trait à quelque chose que nous faisons et qui nous cause des problèmes (ou qui cause des problèmes aux autres). Ce sont ces habitudes qui nous nuisent, qui nous freinent ou qui, dans certains cas, nous paralysent complètement – ce sont les sentiers battus que nous suivons le plus aisément, même s'ils nous entraînent dans la mauvaise direction.

Toutes nos habitudes sont le résultat d'un conditionnement antérieur – ce que nous avons appris et que nous avons ensuite mis en pratique jusqu'à ce que cela nous semble une manière naturelle de nous comporter. Mais, bien entendu, ces habitudes ne sont absolument pas naturelles ; elles ne sont pas innées. Ce sont des programmes négatifs qui sont gravés en nous. Ces derniers peuvent tous être remplacés par une nouvelle programmation.

Le monologue intérieur qui permet de « changer des habitudes » nous aide à nous attaquer à un problème précis. C'est le genre de monologue intérieur qui ordonne à notre subconscient de cesser d'accomplir une chose d'une certaine manière et de commencer à la faire autrement. C'est le genre de monologue intérieur qui remplace un schème de comportement qui nous nuit avec un autre qui nous aide à résoudre des problèmes ou à atteindre des buts en modifiant les gestes que nous accomplissons – des choses précises que nous faisons et que nous ne devrions pas faire, ou des choses précises que nous ne faisons pas et que nous devrions faire.

Examinons maintenant quelques-unes des habitudes les plus courantes qui nous sont toutes familières :

Remettre une tâche à plus tard
Fumer
Travailler trop dur ou ne pas travailler assez dur
Se disputer avec les autres
Ignorer les problèmes
Se réveiller en retard
Oublier le nom des gens ou d'autres choses importantes
Se plaindre
Se trouver des excuses
Perdre des choses
Faire des excès, manger ou boire trop
Être sarcastique
Dire « oui » lorsqu'on veut dire « non »
Ne jamais être à l'heure
Ne pas écouter
Blâmer les autres
Interrompre les gens lorsqu'ils parlent
Être désorganisé
Ne pas dire la vérité
S'inquiéter
Colporter des potins
Ne pas se fixer de priorités
Se laisser contrôler par ses émotions
Perdre son temps
Donner des avis non sollicités
Dépenser plus d'argent que l'on en gagne
Parler trop

Être trop critique à l'endroit des autres
Ne pas tenir compte des détails
Commencer quelque chose et tout laisser en plan

Ce sont toutes des habitudes. Je suis certain que vous pourriez en ajouter encore quelques-unes à cette liste – mais elles peuvent toutes être changées ou améliorées au moyen d'un monologue intérieur adéquat.

Que l'habitude que vous souhaitez modifier soit aussi simple que de cesser de fumer ou d'accomplir une tâche dans les délais prévus, il existe un type de monologue intérieur qui vous aidera à apporter le changement voulu. Le monologue intérieur qui permet de changer des habitudes est précis et exigeant. Il refuse de tolérer ou d'accepter la vieille habitude alors qu'il crée une nouvelle image de vous en train d'agir d'une manière qui laisse ce penchant derrière vous ; il vous met en mouvement avec un nouveau mode de comportement productif qui remplace l'ancien.

UTILISEZ LE MONOLOGUE INTÉRIEUR AU TEMPS PRÉSENT

Tout monologue intérieur positif (à l'exception du monologue situationnel dont nous discuterons plus tard) est écrit, lu, enregistré, écouté, pensé et prononcé au temps présent. Il est toujours formulé comme si le changement souhaité avait déjà eu lieu. Ce faisant, vous donnez à votre subconscient une image achevée de la tâche accomplie ; vous donnez l'ordre suivant à votre centre de contrôle : « Voici le "moi" que je veux que tu crées. » Plus cette image sera claire et précise, plus les directives que vous donnerez à votre subconscient seront précises.

Lorsque vous voulez donner une nouvelle directive à votre subconscient, vous ne direz pas, par exemple : « Je *vais* perdre du poids. » Lorsque vous dites : « Je vais... », qu'est-ce que vous indiquez en fait à votre centre de contrôle ? « Demain, plus tard, un jour, je perdrai du poids (je vais...), mais pour l'instant, arrange-toi pour que je reste comme je suis. » Et demain ne vient jamais.

Si vous vous dites : *Je ferai, je vais, il faut que je, je devrais, j'aimerais, je veux* ou *j'aimerais pouvoir*, je sais pertinemment que votre subconscient vous croira : et il ne fera tout simplement rien.

Énoncez au temps présent votre but ou les résultats que vous souhaitez obtenir. Étant donné que le subconscient ne sait pas ce qui est vrai et ce qui ne l'est pas, il acceptera ce que vous lui dites et il agira en conséquence. Mais rappelez-vous qu'il se basera sur la formulation exacte des directives que vous lui donnerez :

Je fais toujours ce que je dois faire, lorsqu'il faut que je le fasse.

Je ne me dispute jamais avec les autres et je ne laisse jamais mes émotions me nuire.

Je ne fume pas !

J'ai une bonne mémoire. Je me rappelle aisément et automatiquement le nom des gens ou tout ce qui est important pour moi.

Je ne mange que ce que je dois manger.

Je sais écouter. J'entends tout ce qui est dit. Je suis attentif, intéressé et conscient de tout ce qui se passe autour de moi.

J'ai le courage d'exprimer mes opinions. Je fais preuve de responsabilité envers moi-même et de tout ce que je dis et fais.

Je ne vis pas au-dessus de mes moyens. Je suis financièrement responsable, tant aujourd'hui que demain.

Je me fixe des buts, je ne les perds pas de vue et je prends les mesures nécessaires pour les atteindre.

Je passe du temps avec ma famille et les êtres qui me sont chers. J'adore partager leur vie.

Chacun de ces exemples de monologue intérieur positif a trait aux « habitudes » – des modes de comportement préconditionnés qui nous frustrent ou nous freinent. Le changement souhaité est chaque fois formulé au temps présent, comme s'il avait déjà été apporté. Toutefois, chaque exemple n'est ici composé que d'une phrase ou deux parmi toutes celles que, en pratique, vous pourriez utiliser pour effectuer ce changement.

Si vous voulez changer une habitude, influer sur une attitude ou créer une motivation intérieure, le monologue intérieur sera plus efficace si vous construisez un discours solide autour du sujet sur lequel vous travaillez. Une phrase bien formulée peut avoir un effet sur votre comportement, mais ce n'est que lorsque vous créez *une image entièrement nouvelle* pour votre subconscient que vous en tirez le meilleur parti.

Si vous choisissiez l'un des exemples que j'ai donnés et vouliez modifier une vieille habitude en n'utilisant qu'une seule phrase, peu importe le nombre de fois que vous vous la répéteriez, vous n'obtiendrez que des résultats limités. Commencez plutôt par une phrase et développez-la ensuite en couvrant chaque aspect du problème, en y ajoutant d'autres phrases et des suggestions.

Rappelez-vous que votre nouveau monologue intérieur est le système de navigation qui vous servira à tracer l'itinéraire que vous emprunterez pour vous rendre à votre nouvelle destination ; c'est lui qui déterminera le cap, la direction, l'altitude et la vitesse. Soyez donc très précis et minutieux. Ne vous attendez pas à ce que des indications vagues, des pistes de solutions et des attentes confuses vous amènent là où vous voulez aller.

SOYEZ PRÉCIS

Lorsque vous utilisez le monologue intérieur, ne laissez rien en suspens. Isolez le problème, examinez-le sous tous ses angles, dressez une liste de chacune de ses composantes et ajoutez à votre monologue une ligne qui en traite. Bien que j'aie constaté que peu de problèmes peuvent être réglés à l'aide d'un monologue intérieur composé d'une ou deux phrases, j'ai découvert que, dans la majeure partie des cas, n'importe quel problème – quelle que soit son ampleur – ou n'importe quel but – quelle que soit son importance – peut être abordé avec aussi peu qu'une douzaine de suggestions bien choisies.

Prenons l'exemple d'un individu dont le but est de cesser de fumer. Nous utiliserons cet exemple parce que le tabagisme est l'une de ces habitudes que tout le monde considère justement comme une « habitude » – même si les autres exemples que j'ai donnés correspondent également à une « habitude ». Nous pourrions tout aussi aisément citer l'exemple d'un individu qui veut cesser de tout remettre au lendemain, de se fâcher pour un rien à la maison ou de perdre un temps précieux à ne rien faire plutôt que de le mettre à profit.

Toutefois, si vous ne fumez pas, vous devriez être en mesure d'adapter le monologue intérieur qui suit à toute autre habitude dont vous voulez vous défaire.

En lisant les quelques énoncés qui suivent, vous devriez rapidement reconnaître que le monologue intérieur n'est pas simplement constitué d'une phrase ou deux : *le monologue intérieur est un ensemble précis de directives formulées de façon concise – généralement un groupe d'une douzaine ou plus de phrases combinées, reliées entre elles sur un même thème et qui, ensemble, dressent un portrait détaillé de la personne améliorée que vous souhaitez devenir, ou du changement que vous voulez apporter dans votre vie.*

Dans cet exemple, la vieille habitude a été quotidiennement entretenue avec un monologue intérieur négatif – le genre de monologue dont nous avons discuté plus tôt : « Peu importe ce que je fais, je n'arrive pas à cesser de fumer », « La cigarette m'aide à me détendre », « Lorsque je cesse de fumer, je prends du poids ». C'est là votre ancienne programmation. Mais le nouveau monologue intérieur qui permet de changer des habitudes aborde le sujet différemment.

Dans le monologue intérieur qui suit, considérez chaque phrase pour l'image qu'elle représente ; notez les directives qui sont données, mot pour mot, au subconscient de l'individu qui avait l'habitude de penser que fumer était une bonne chose à faire.

UN MONOLOGUE INTÉRIEUR POSITIF POUR CESSER DE FUMER

Je ne fume pas. Mes poumons sont forts et sains. Je suis capable de respirer profondément et pleinement.

Je trouve important de prendre soin de mon corps. J'aime garder la forme et me sentir bien.

Je suis un non-fumeur – et j'en suis fier. J'ai plus d'énergie et d'endurance que jamais auparavant. Je profite de la vie et je suis heureux d'être ici.

Lorsque je vois une cigarette, ou même lorsque j'y pense, j'entends automatiquement les mots suivants : « Je ne fume pas » et je n'y touche pas !

Je n'ai pas d'habitudes qui me contrôlent ou qui influent sur moi d'une façon nuisible : j'exerce un contrôle sur moi-même et sur tout ce que je fais. Je fais toujours ce qui est le mieux pour moi et pour mon avenir.

Je suis vraiment reconnaissant de pouvoir respirer un air frais et pur, d'être en bonne santé et entièrement maître de mon corps et de mon esprit.

Je suis capable d'atteindre tous les buts que je me fixe. Dans mon esprit, je vois une image claire de moi-même qui a déjà atteint ces buts. Je les crée, je les visualise et je les atteins.

Je fais régulièrement de l'exercice. Je garde la forme et j'ai des habitudes saines. Et je suis toujours rempli d'énergie et de vitalité.

Tous mes sens sont alertes. Ma vue, mon odorat, mon ouïe, mon goût et mon toucher sont plus vifs qu'avant.

À mes yeux, fumer ce n'est absolument pas être fort, intelligent ou chic. Je considère le tabagisme comme ce qu'il est vraiment, et il n'a pas sa place dans ma vie.

Je me donne la permission de me détendre, de me sentir bien, de respirer profondément et pleinement, et je suis ravi d'être un non-fumeur en bonne santé, en tout temps et en toutes circonstances.

Les gens aiment être en ma compagnie. J'ai confiance en moi et je me respecte. J'aime qui je suis, et cela paraît!

Il est facile pour moi de ne pas fumer. Après tout, je ne fumais pas à ma naissance – et c'est un mode de vie naturel pour moi.

Si vous *êtes* fumeur et souhaitez cesser de fumer, efforcez-vous de lire ces mots à votre subconscient trois ou quatre fois par jour pendant les trois prochaines semaines et observez ce qui arrivera. Je crois bien que vous découvrirez, comme beaucoup d'autres, que ces nouvelles directives que vous vous donnez pourraient avoir un impact alarmant sur l'ancienne programmation à laquelle vous êtes habitué. Les vieilles habitudes, dans tout ce que nous faisons, ne sont rien de plus que la programmation que nous avons acceptée et qui fait maintenant partie de notre quotidien.

Si vous voulez vous défaire d'une vieille habitude, examinez votre ancienne programmation, acceptez-la pour ce qu'elle est, prenez la décision d'agir, et puis effacez-la et remplacez-la par quelque chose de mieux.

Voyons maintenant un autre exemple de monologue intérieur qui permet de changer des habitudes. Ici, nous l'utiliserons pour nous attaquer à une habitude qui empêche beaucoup de gens de réaliser pleinement leur potentiel – cette habitude qui consiste à perdre du temps à s'inquiéter. Le fait de se défaire de cette seule mauvaise habitude a transformé des individus non productifs en des battants tout en leur permettant de jouir de plus de temps, de la paix d'esprit et d'un tout nouveau regard sur la vie.

Encore une fois, lorsque vous lisez ces exemples de monologue intérieur, notez que ce dernier ne fait pas uniquement référence aux symptômes – il décortique la vieille habitude et touche le nœud du problème. Le nouveau monologue intérieur positif couvre le problème sous tous ses angles. Il crée un environnement mental entièrement nouveau et amélioré. Il vous présente une nouvelle image de vous-même, une image naturelle, une image de la personne que vous souhaitez devenir – dépourvue d'inquiétudes et plus productive.

Cette fois, alors que vous lisez le monologue intérieur, efforcez-vous de le faire à voix haute. Allez au-delà des mots qui sont imprimés sur les pages d'un livre. Donnez-leur vie. Le monologue intérieur devient efficace lorsque vous le sortez de la page écrite et que vous l'employez en vous adressant directement à vous-même.

UN MONOLOGUE INTÉRIEUR POSITIF POUR CESSER DE S'INQUIÉTER

Je ne m'inquiète pas. J'exerce un contrôle sur mes pensées et je ne pense qu'à ce qui fait ressortir ce qu'il y a de meilleur en moi.

Mon esprit est toujours aligné avec les aspects positifs des choses. Il est brillant, joyeux, enthousiaste et débordant de pensées et d'idées bonnes et positives.

J'arrive à me détendre aisément et je suis bien dans mon corps et dans mon esprit. Je suis calme, confiant et sûr de moi.

Mon esprit est méthodique et bien organisé. Je choisis consciemment ce que je pense, et je choisis toujours des pensées qui seront positives et bénéfiques pour moi.

Toutes mes pensées m'apportent la santé. Mon esprit ne s'attarde qu'à des pensées qui créent davantage d'harmonie, d'équilibre et de bien-être en moi et dans le monde qui m'entoure.

Je pense toujours, et automatiquement, d'une manière décisive et déterminée.

Je suis plein de détermination et je suis absolument certain d'obtenir les meilleurs résultats dans tout ce que je fais.

Je choisis de voir le monde qui m'entoure à la lumière vive et saine de l'optimisme et de la confiance en soi.

Je ne fais que ce qu'il y a de mieux pour moi. Je fais ressortir ce qu'il y a de meilleur en moi, j'attire ce qu'il y a de meilleur chez les autres et je trouve ce qu'il y a de meilleur dans le monde qui m'entoure.

Je m'occupe volontiers, et sans faillir, des tâches et des obligations dont j'ai accepté la responsabilité.

Je ne m'engage à assumer que les responsabilités que je sais pouvoir respecter.

Je ne me concentre que sur les choses sur lesquelles je peux exercer un pouvoir. Si je ne peux ni influer sur elles ni les gérer, j'accepte ce fait.

Je garde mon esprit trop occupé à nourrir des pensées bonnes, saines, positives, constructives et productives pour qu'il ait le temps de s'inquiéter.

J'exerce un contrôle sur les pensées que je choisis. Aucune pensée, jamais, ne peut séjourner dans mon esprit sans mon approbation ou ma permission.

Je ne m'inquiète jamais.

Il existe un monologue intérieur adapté à chaque habitude que vous désirez changer. Mais les deux exemples que nous venons de voir vous donneront une bonne idée de la façon dont le monologue intérieur est construit et dont il couvre non seulement le problème, mais aussi de la façon dont il crée l'*environnement* mental ambiant qui alimente et soutient cette décision de changer.

Ce que nous qualifions généralement de mauvaises habitudes est en réalité les symptômes d'une autre manifestation qui se produit à l'intérieur de nous. Elles sont le résultat d'une grande variété de croyances que nous avons à notre égard et qui, lorsqu'elles sont réunies, nous entraînent dans un modèle de comportement qui finit par nous causer des problèmes. Le monologue intérieur s'adresse à « l'ensemble de notre être » (à tous les meubles de notre appartement mental) d'un point de vue holistique. Il ne fait pas que soigner les symptômes ; il modifie les problèmes qui sont à l'*origine* des symptômes.

POUR MODIFIER UNE HABITUDE, MODIFIEZ VOTRE DISCOURS

Nous sommes des créatures d'habitudes. Mais toutes les habitudes peuvent être changées. Autrefois, c'était difficile à faire parce que nous tentions de modifier les directives que nous envoyions à notre subconscient sans d'abord modifier notre ancienne programmation. Grâce au monologue intérieur, nous accomplissons ces deux tâches : nous neutralisons les anciens programmes et nous en créons de nouveaux.

Choisissez une habitude que vous aimeriez changer. Ne tentez pas de transformer votre vie du jour au lendemain – commencez par une petite habitude. Quelque chose d'anodin. Modifiez alors les mots que vous utilisez pour vous décrire à vous-même. Une fois que vous aurez commencé, tenez-vous-en à ce discours. Il est excitant d'observer la manifestation des changements, d'être témoin de la disparition de vieilles habitudes qui nous nuisaient et de l'émergence de nouvelles habitudes gagnantes, avantageuses et fructueuses.

Chapitre 17

Comment modifier des attitudes

Nos attitudes influent directement ou indirectement sur tout ce que nous faisons. Un changement d'attitude peut avoir un impact sur tous les aspects de la vie d'un individu. Même un petit « ajustement » dans notre attitude peut avoir une incidence profonde sur ce que nous faisons et sur la façon dont nous le faisons. Si vous avez un fils ou une fille qui a fréquenté l'école, vous savez à quel point cela est vrai. Un changement d'attitude peut se traduire par un changement dans les résultats scolaires, la tenue vestimentaire, les habitudes et les amis.

Meilleure est l'attitude, meilleurs sont les résultats dans pratiquement tout ce que nous faisons. Parce que l'attitude influe sur nos sentiments et que les sentiments ont une incidence sur ce que nous faisons et sur la façon dont nous le faisons, une bonne attitude peut être un facteur décisif dans nos réussites et nos échecs. Une bonne attitude nous donne un avantage certain.

Étant donné que nos attitudes sont le résultat de notre programmation, il est sensé de se pencher sur les attitudes avec lesquelles nous vivons, de se demander pourquoi elles sont de cette nature et de déterminer celles que nous aimerions changer. Nos attitudes sont importantes parce que chacune d'elles influe directement sur la façon dont nous nous sentons à l'égard de tout ce qui nous entoure et sur la façon dont nous réagissons. Sans de bonnes attitudes, nous ne trouverons jamais la clé qui ouvre le coffre au trésor qui renferme le bonheur et le succès que nous voulons si désespérément et que nous méritons tant.

Les attitudes composent la majeure partie de la perception que nous avons de nous-mêmes. Elles sont les filtres à travers lesquels nous voyons tout ce qui nous entoure. Nos attitudes sont le reflet de notre caractère – elles sont « l'état d'esprit » dans lequel nous vivons. Nos attitudes se manifestent par le biais de notre humeur, de notre tempérament, de notre volonté et de nos hésitations.

Nos attitudes nous propulsent vers la victoire ou nous enlisent dans la défaite. Elles sont notre point d'appui à chaque pas que nous faisons. Elles sont ce que les autres perçoivent comme étant notre personnalité ; elles nous décrivent et nous définissent, projetant notre image au monde qui nous entoure. Nos attitudes font que nous sommes riches ou pauvres, heureux ou malheureux, comblés ou insatisfaits. Elles sont le facteur le plus déterminant dans tous les gestes que nous accomplissons. Nous ne faisons qu'un avec nos attitudes ; nous sommes nos attitudes et nos attitudes sont nous.

COMMENT GÉRER LES ATTITUDES DES AUTRES

Si vous êtes responsable du développement des attitudes chez les autres – en tant que gestionnaire, parent, professeur ou ami –, n'espérez pas les modifier avec la méthode « de la carotte ou du bâton » en ayant recours à des encouragements, des discours, des punitions, des plaintes ou des flatteries. Les attitudes ne se changent pas ainsi !

Pendant des années, les chefs d'entreprise ont utilisé les primes de rendement pour encourager leurs employés à adopter des attitudes qui se traduisent par une meilleure productivité ou une augmentation des ventes. Mais même s'ils obtenaient de bons résultats à court terme, ils découvraient rapidement qu'il leur fallait avant longtemps mettre en place un nouveau programme d'encouragement. Ils n'avaient pas réellement changé les attitudes de leur personnel. Ils n'avaient rien fait de plus que de créer un effet à court terme, temporaire, dans le comportement extérieur de leurs employés – ils n'avaient pas modifié leurs attitudes.

Si vous utilisez un programme d'encouragement de quelque nature que ce soit pour changer une attitude, il pourra sembler efficace, mais l'effet ne durera pas ; vous devrez constamment trouver un nouveau moyen d'arriver à vos fins.

Souvent, nous avons recours à une mauvaise méthode lorsque nous tentons d'aider un individu à améliorer une attitude que nous estimons néfaste pour lui. Malgré le fait que conseillers scolaires, parents, maris et femmes, directeurs et amis disent souvent à un membre de leur entourage : « Tu dois changer d'attitude », cette remarque n'a jamais rien apporté de bon.

En fait, le seul fait de dire cela à quelqu'un peut avoir un effet néfaste – c'est une programmation négative. Cette remarque joue contre l'individu au lieu de l'aider. Elle reconfirme sa croyance préprogrammée voulant que toutes les perceptions négatives qu'il a à propos de lui-même soient vraies ! Et c'est précisément lorsque l'attitude d'un individu est « médiocre » qu'il est le plus difficile pour lui de trouver un moyen de la changer ! Pourquoi devrait-il le faire ? Comment ?

Ce sont nos croyances qui déterminent nos attitudes – et si nous croyons que nous ne sommes pas à la hauteur, cette croyance est un fait à nos yeux, c'est la réalité. C'est ainsi ! Bien entendu, cela est tout à fait faux. Cela ne fait que paraître vrai à l'individu qui entretient cette croyance.

Rappelez-vous pendant un instant le processus naturel par lequel sont créées les attitudes chez chacun d'entre nous : « La programmation crée les croyances, les croyances créent les attitudes, les attitudes créent les sentiments, les sentiments déterminent les actions et les actions créent les résultats. » Chacune de ces étapes – comportements, sentiments, attitudes et croyances – est la conséquence logique et escomptée de notre conditionnement. Il s'ensuit donc que chacune de nos attitudes, bonne, mauvaise ou neutre est le résultat naturel de la programmation dont nous avons fait l'objet.

Chacun d'entre nous, de temps en temps, est victime d'une attitude moins que parfaite. Une « mauvaise attitude » n'appartient pas uniquement à l'étudiant peu studieux, à l'employé qui ne reçoit pas d'augmentation de salaire, ou au meilleur ami dont la vie personnelle vient de s'écrouler. Les attitudes, bonnes ou mauvaises, font partie de notre quotidien.

COMMENT CHANGER NOS PROPRES ATTITUDES

Une attitude que nous pourrions vouloir changer ne doit pas nécessairement être une attitude qui est catastrophique ou extrême – il peut s'agir d'un problème relativement simple, d'une attitude qui, si elle était un peu peaufinée, pourrait améliorer une petite partie de notre vie quotidienne. Et parce que même les plus simples ou les plus importantes de nos attitudes peuvent être changées en remaniant un volet ou deux de notre programmation – et nous savons comment procéder à cette modification –, il n'existe vraiment aucun obstacle insurmontable qui peut nous empêcher d'aller de l'avant et de le faire.

Ces attitudes que vous adoptez à votre égard sont à l'origine d'un autre résultat important : elles modèlent les attitudes que vous aurez à l'égard de tout ce qui vous entoure. Donc, si vous voulez changer la façon dont vous vous sentez à propos de tout, vous devez commencer par modifier les attitudes que vous avez à l'égard de vous-même. C'est pour cette raison que le monologue intérieur visant à changer des attitudes a d'abord trait à *vous* – et à la façon dont vous vous percevez.

Pour illustrer ce point, examinons le texte préécrit d'un monologue intérieur visant à changer des attitudes. Cette catégorie de monologue intérieur inclut des rubriques telles que « Adieu l'inquiétude », « Assumer ses propres responsabilités », « Développer son estime de soi », « Le monologue positif pour les adolescents », « Surmonter les obstacles », « Détermination et volonté », « Un mariage réussi », « Dépasser ses limites personnelles » et « Croire en un moi formidable ».

Pour cet exemple, nous utiliserons un script de monologue intérieur traitant de la « responsabilité personnelle ». Nos attitudes à l'égard du rôle que nous jouons tous dans notre destinée sur terre comptent parmi les plus importantes que nous n'aurons jamais à adopter. La différence entre une attitude montrant que nous acceptons la responsabilité de ce que nous sommes et de ce que nous faisons, et une attitude qui fait que nous nous trouvons des excuses ou plaçons notre vie entre les mains d'autrui, est cruciale pour qui veut développer une bonne estime de « soi » et jouir de l'accomplissement individuel qu'apporte cette prise en charge personnelle.

Mais même en considérant l'importance que cette attitude joue dans notre vie, remarquez comment quelques énoncés permettent, directement et efficacement, d'aborder un sujet, de le simplifier et d'entamer le processus de reprogrammation d'une attitude qui est essentielle pour chacun de nous.

LE MONOLOGUE INTÉRIEUR TRAITANT DE LA RESPONSABILITÉ PERSONNELLE

J'assume l'entière responsabilité de tout ce qui me concerne – et même de mes pensées. J'exerce un contrôle sur les immenses ressources de mon esprit.

Je suis l'unique responsable de ce que je fais et de ce que je me dis à moi-même à mon sujet. Personne ne peut partager cette responsabilité avec moi.

Je permets également aux autres d'assumer leurs propres responsabilités, et je ne tente pas de le faire à leur place.

J'aime être responsable. Cela me permet d'être aux commandes de mon être – et c'est un défi qui me plaît.

Je ne permets jamais à personne de prendre le contrôle ou d'assumer la responsabilité de ma vie ou de mes actes. Ma responsabilité envers les autres est un prolongement de ma responsabilité envers moi-même.

Je choisis de ne rien laisser au hasard en ce qui me concerne. Lorsqu'il s'agit de moi – et de tout ce qui compose ma vie –, je choisis de CHOISIR!

Mes choix n'appartiennent qu'à moi. Je ne permets jamais à quiconque de choisir à ma place. Et j'assume l'entière responsabilité de mes choix et de mes décisions.

Je respecte tous les engagements que je prends. Et je ne fais aucune promesse que je ne pourrai pas tenir.

Je suis digne de confiance. On peut compter sur moi. J'ai accepté d'assumer mes responsabilités – et je me montre toujours à la hauteur.

Je ne rejette jamais mes responsabilités sur « les autres » et je ne m'en décharge jamais sur quiconque. J'ai découvert le grand secret qui fait de moi le maître de mon destin. J'ai compris que « les autres », c'est « moi » !

Je n'ai pas besoin de me trouver des excuses et personne n'a à assumer mes responsabilités à ma place. C'est avec plaisir que j'assume mes responsabilités – et je le fais bien.

Chaque jour, je reconnais et accepte la responsabilité non pas seulement de mes actes, mais aussi de mes émotions, de mes pensées et de mon attitude.

J'accepte la responsabilité de vivre ma vie d'une manière qui m'apporte la force, le bonheur, l'optimisme et de saines croyances, et j'assume la responsabilité de mon passé, de mon présent et de mon avenir.

Voilà une bonne attitude! – le genre d'attitude dont la majorité d'entre nous tirerait profit un peu plus. C'est une attitude qui nous pousse à nous affirmer et qui nous apporte le respect des autres! C'est une attitude que nous pouvons adopter n'importe quand dans notre vie. Mais ce n'est là que l'une des nombreuses attitudes que chacun d'entre nous peut choisir d'adopter uniquement en se reprogrammant – en remplaçant la vieille programmation qui nous fait croire que les autres, par quelque hasard de la vie, comptent davantage que nous.

De telles attitudes sont légion. Certaines d'entre elles sont moins nobles, et sans doute moins exigeantes. Mais elles n'en sont pas moins tributaires du plus important des monologues intérieurs – celui qui traite de la confiance en soi. Voilà à quoi se résument les attitudes.

Voici un exemple de monologue intérieur visant à changer des attitudes que n'importe qui peut utiliser de temps en temps. Si j'avais encore à enseigner dans une classe, je mettrais ce monologue intérieur à mon programme chaque jour. C'est l'une des formes de monologue intérieur les plus simples. Mais l'attitude qui peut en découler touche tous les aspects de notre vie. C'est le fil dont toute réussite est tissée. C'est le don que Dieu a donné à chacun de nous à la naissance, un don que nous devons utiliser, nous approprier, apprécier et conserver pendant toute notre vie. Il nous rééquilibre et nous fait grandir. Il façonne notre caractère, entretient notre force et nous arme de courage. C'est la substance interne de la confiance en soi – c'est le monologue intérieur qui crée l'estime de soi.

LE MONOLOGUE INTÉRIEUR TRAITANT DE L'ESTIME DE SOI

Je suis vraiment exceptionnel. J'aime qui je suis et je me sens bien dans ma peau.

Bien que je m'efforce toujours de m'améliorer et de devenir meilleur chaque jour, j'aime qui je suis aujourd'hui. Et demain, lorsque je serai encore meilleur, je m'aimerai encore !

C'est vrai qu'il n'y a personne comme moi dans tout l'univers. Il n'y a jamais eu d'autre moi auparavant, et il n'y en aura jamais d'autre.

Je suis unique de la tête aux pieds. À certains points de vue, je veux ressembler à d'autres individus et agir comme eux – mais je ne suis pas eux. Je suis moi.

Je voulais être quelqu'un – et je sais maintenant que je le suis ! Je préfère être moi que n'importe qui d'autre au monde.

J'aime comment je me sens, j'aime comment je pense et j'aime comment je fais les choses. Je m'approuve et j'approuve qui je suis.

J'ai un grand nombre de merveilleuses qualités. J'ai des talents, des connaissances et des habiletés. J'ai même des talents dont je ne soupçonne pas encore l'existence. Et je découvre sans cesse de nouveaux talents en moi.

Je suis optimiste. J'ai confiance en moi. Je dégage des ondes positives. Si vous me regardez attentivement, vous pouvez même voir l'aura qui m'entoure.

Je suis plein de vie. J'aime la vie et je suis heureux d'être vivant. Je suis une personne très spéciale, vivant à une époque très spéciale.

Je suis intelligent. Mon esprit est vif, alerte, brillant et amusant. Je nourris de bonnes pensées et mon esprit fait que les choses vont bien pour moi.

J'ai beaucoup d'énergie, d'enthousiasme et de vitalité. Je suis formidable et je suis vraiment reconnaissant d'être moi.

J'aime être en compagnie des autres, et les autres apprécient ma compagnie. Les gens aiment entendre ce que j'ai à dire et connaître mon opinion.

Je souris beaucoup. Je suis heureux à l'intérieur comme à l'extérieur.

Je m'intéresse à beaucoup de choses. J'apprécie toutes les bonnes choses que j'ai, toutes les choses que j'apprends et toutes les choses que j'apprendrai aujourd'hui, demain et par la suite, tant et aussi longtemps que j'existerai.

Je suis chaleureux, sincère, honnête et authentique. Je suis tout cela et bien plus. Et toutes ces qualités sont moi. J'aime qui je suis et je suis heureux d'être moi !

Ce sont là des mots tout simples. Ils nous livrent des vérités à propos de notre moi intérieur. Insérés dans les croyances de n'importe quel individu, ces simples mots sont assortis d'un pouvoir que peu d'entre nous n'ont jamais espéré posséder. Et pourtant, cette confiance en soi, ce sentiment d'estime de soi, sont à la portée de chacun de nous. Pouvez-vous imaginer vivre ainsi chaque jour – et en avoir pleinement conscience ? Imaginez des enfants qui grandissent avec ces mots inscrits de façon indélébile dans leur jeune esprit ouvert et confiant. Imaginez le monde qu'ils pourraient créer. Mais pour le moment, ne faites qu'imaginer que vous commencez à croire en une version idéale de vous-même, chaque jour, en tout temps, en toutes circonstances, en étant toujours certain d'adopter des attitudes qui vous servent, vous donnent confiance en vous, vous soutiennent, vous insufflent du courage et vous apportent la certitude de vivre votre vie de la façon la plus gratifiante et positive qui soit.

Si cela vous paraît invraisemblable, permettez-moi de vous rappeler que c'est votre vieille programmation qui vous dit que cela ne peut pas fonctionner de cette manière. C'est parce que telle est la croyance qui vous a été inculquée. Et elle est erronée.

FAITES LE POINT SUR VOS ATTITUDES

Prêtez attention à vos attitudes. Évaluez-les, examinez-les. Faites le point sur les croyances que vous entretenez à votre égard, dressez mentalement un inventaire de vos attitudes – bonnes et mauvaises – et déterminez quelles sont celles qui vous servent et celles qui vous nuisent. Et défaites-vous des attitudes que vous ne souhaitez pas conserver. Débarrassez-vous-en. Gardez celles qui vous plaisent. Changez celles que vous voulez changer. Prenez vos attitudes en main. Reprenez le contrôle. La moindre des choses qui peut vous arriver, c'est que vous retrouviez une partie de votre véritable nature.

Lancez-vous dans l'aventure. Découvrez les joyaux que renferme votre esprit. Cherchez et découvrez en vous la riche réserve d'« attitudes » qui n'attendent que de sortir au grand jour et de revivre. Commencez à vous parler à vous-même de la bonne façon.

De petits changements dans vos attitudes peuvent faire une grande différence dans votre vie. Vos attitudes influent sur toutes les choses importantes qui vous entourent. Elles influent sur la façon dont vous vous sentez à propos de vous-même. Elles ont une incidence sur votre travail, vos amis et les êtres qui vous sont chers. Lorsque vos attitudes s'améliorent, votre vie devient meilleure. Si vous désirez apporter un ou deux changements, le fait d'améliorer une attitude et de rendre votre vie un peu plus belle est un bon point de départ.

CHAPITRE 18

La résolution de problèmes et l'atteinte de vos buts

Il existe une forme de monologue intérieur qui, tout en ayant un effet positif sur nos habitudes et nos attitudes, peut être spécifiquement utilisé pour résoudre des problèmes ou nous aider à atteindre nos buts. Les problèmes et les buts vont souvent de pair. On associe habituellement les « problèmes » à ces choses qui nous freinent dans l'atteinte de nos buts. Pendant un instant, remplacez le mot « problème » par le mot « défi » : les buts créent les défis – et les défis créent les buts.

Le monologue intérieur qui vous aidera à résoudre vos problèmes est le même que celui qui vous aidera à atteindre vos buts. Pour le cerveau, surmonter des difficultés et atteindre des buts est la même chose. Pour votre subconscient, le fait de vous imaginer en train de relever un défi, de résoudre un problème et d'atteindre un but, le même ensemble de directives est requis – le monologue intérieur est le même.

Bien que je sois d'accord avec le fait que l'esprit ne fait aucune distinction entre ce que nous appelons des « problèmes » et ce que nous appelons des « buts », je ne suis pas de l'avis de ceux qui nous disent que tous les problèmes sont des « occasions ». Certains problèmes peuvent présenter d'éventuelles occasions, mais pas tous. Si, en ce moment même, un homme entrait chez vous avec une arme à la main et la pointait sur votre tête, cela ne serait pas une occasion – ce serait un problème !

Uniquement en comprenant que le subconscient reconnaît, accepte et traite les problèmes de la même manière qu'il nous aide à atteindre nos buts, nous pouvons modifier, de façon positive, le regard que nous jetons sur ces obstacles que l'on nous a amenés à voir comme étant les circonstances naturelles de la vie et qui, lorsqu'on les surmonte, se transforment automatiquement et naturellement en l'atteinte de nos buts. *Vous ne pouvez pas résoudre un problème sans atteindre un objectif.*

LA VÉRITABLE SIGNIFICATION DES « BUTS »

Si nous voulons nous parler à nous-mêmes de la manière la plus productive qui soit, nous devons aussi comprendre le véritable sens du mot « but ». C'est un mot qui a souvent été utilisé à tort et à travers. On l'a placé dans une position de pouvoir dont il n'est pas digne. Plus je me suis plongé dans la documentation et les enseignements consacrés à l'amélioration personnelle, plus je me suis rendu compte qu'il y a un certain nombre de mots qui ont été redéfinis par un petit groupe d'auteurs de manière à leur conférer un statut privilégié qui ne peut leur être attribué.

À titre d'exemple, même le merveilleux mot « réussir » a été trop souvent utilisé pour signifier « gagner » plutôt que jouer, être prospère, être premier ou conduire une voiture de luxe étrangère et vivre dans un quartier huppé. Ce n'est absolument pas la signification de la réussite. Nous le savons. Mais parce qu'on nous a dit et redit ce qu'est la réussite, de nombreux individus qui ont réussi à leur manière confondent cette définition ronflante avec la définition exacte du mot. Par conséquent, ils se voient comme des perdants et non comme des gagnants.

Le mot « but » a également été employé abusivement, mal interprété, mal compris. Le mot « but » est un mot qui est devenu si chargé de priorités et d'exigences qu'il fait en sorte que la seule pensée de « se fixer des buts et les atteindre » acquiert une telle importance que nous voyons volontiers cette tâche comme quelque chose que d'autres, peut-être plus enthousiastes que nous, pourraient entreprendre, ou que nous reportons à une autre journée où nous aurons davantage de temps pour y réfléchir.

L'établissement de buts devrait être simple. Il n'y a rien de mal à viser les plus hauts sommets du « succès ». Mais lorsque nous rêvons d'atteindre cet idéal, nous ne devrions jamais oublier de reconnaître les petits buts qui marquent chaque échelon qui y mène – les objectifs que nous nous fixons presque inconsciemment, jour après jour, les objectifs qui nous aident à survivre, résister, lutter, persévérer et réussir chaque jour, une étape à la fois. Ce sont nos désirs, nos besoins, les moindres attentes que nous avons envers nous-mêmes. Ils comptent parmi les plus importants buts de tous ; ce sont les buts de la vie quotidienne.

Nos buts ne devraient pas être limités à des objectifs à court, moyen et long terme. Même si un monologue intérieur adéquat peut vous aider à atteindre les buts les plus nobles que vous puissiez imaginer, devenir président ou millionnaire n'est pas le genre de rêve que la majorité d'entre nous caresse le lundi matin.

Votre but peut être aussi pragmatique que perdre un peu de poids, faire mieux au travail, obtenir une promotion, gagner plus d'argent ou économiser davantage, échapper à la dépression, mieux vous organiser, rédiger de meilleurs plans d'affaires ou conclure davantage de ventes.

LE CHOIX DE VOS BUTS N'APPARTIENT QU'À VOUS

Les buts peuvent être aussi importants ou aussi simples que d'avoir davantage de temps libre, d'aller à l'église plus régulièrement, de mieux entretenir la maison, d'obtenir de bonnes notes, d'avoir des relations interpersonnelles plus harmonieuses, d'être en meilleure santé, d'assister à un concert symphonique, d'écrire à vos parents, d'offrir des fleurs un peu plus souvent, de faire quelque chose de spécial pour quelqu'un, de soigner votre apparence pour une réunion d'anciens camarades de classe, de sourire plus fréquemment, de maîtriser votre balle coupée au golf ou de capturer davantage de poissons à la pêche.

Vos buts, et les problèmes qui se dressent entre vous et leur atteinte, peuvent être de toute nature, ils peuvent être grands ou petits. Mais votre subconscient les traite tous avec le même pragmatisme et la même acceptation. Si vous voulez les atteindre, donnez-vous les bonnes directives, dites-vous les bons mots – tirez parti du dévouement naturel de votre esprit qui est toujours prêt à faire ce que vous lui demandez avec conviction.

Pour résoudre tout problème ou pour atteindre n'importe quel but, grand ou petit, le processus mental interne qui s'opère est le même. Si vous voulez être plus efficace au travail, perdre du poids ou faire fortune, tout cela n'est qu'une seule et même chose pour votre subconscient. Pour lui, un but reste un but. Plus il reçoit de directives pour vous aider à atteindre l'objectif que vous vous êtes fixé, plus il agira en ce sens.

Pour illustrer ce point, avant d'aborder un problème ou un but précis, penchons-nous sur un exemple de monologue intérieur qui traite de la façon dont nous voyons généralement les problèmes – ce que nous croyons à propos des problèmes qui surgissent au jour le jour. La façon dont nous voyons nos problèmes joue un rôle important sur la façon dont nous y réagissons. Est-ce que nous les analysons, les évitons, les affrontons – ou les résolvons ?

Notre ordinateur interne ne se soucie absolument pas de la nature du problème ou de sa gravité. Mais ce que nous nous disons à nous-mêmes au sujet du problème aura immédiatement une incidence sur tous les gestes que nous ferons.

LA RÉSOLUTION DE PROBLÈMES

Voici quelques exemples de monologue intérieur visant à régler le problème de la « résolution de problèmes ».

J'excelle dans la résolution de problèmes. J'aime les défis et je les relève avec brio.

Les problèmes sont mes professeurs. Ils m'aident à apprendre et à m'épanouir. Sans eux, je n'irais nulle part. Grâce à eux, je vais de l'avant et je chemine vers l'atteinte de mes buts.

Il n'y a aucun problème que je ne peux résoudre. Je suis fort, tant mentalement que physiquement. Ma volonté, ma force et ma détermination sont toujours supérieures au problème qui surgit devant moi.

Lorsqu'un nouveau problème se présente, je ne le considère pas comme mon ennemi. Je sais qu'en trouvant une solution, j'y gagnerai sur le plan de l'épanouissement personnel.

Parce que je sais que les problèmes sont des éléments clés de mon éducation et de ma préparation spirituelle et mentale, je reconnais qu'ils sont importants pour moi.

Je ne crains pas les problèmes, je les résous. Je n'ignore pas les problèmes, je leur fais face. Je n'évite pas les problèmes, je les surmonte !

Je sais que tout problème renferme les éléments de sa solution. Par conséquent, mieux je comprends le problème, plus manifestement je peux voir sa solution.

Avoir des ennuis n'est pas un souci pour moi. J'ai confiance en moi, je suis plein d'assurance, je suis positif et déterminé. Je sais également que je résoudrai tous les problèmes qui croiseront ma route, et c'est ce que je fais toujours.

J'excelle à décortiquer d'importants obstacles en petits problèmes faciles à résoudre. Et je ne fais jamais paraître un problème plus grand qu'il ne l'est en réalité.

Je ne m'inquiète jamais. Je transforme les « moments d'inquiétude » en « moments de solution » positifs et constructifs. Je garde mon esprit alerte et ouvert à toutes les solutions – et je trouve ces solutions aisément et rapidement.

J'ai appris à reconnaître que de nombreux problèmes comportent des avantages et des occasions qui ne se seraient pas présentés sans que ne surgissent ces problèmes.

Je ne cherche pas à vivre une existence exempte de problèmes. Je choisis plutôt de vivre une existence axée sur la recherche de solutions et d'apprécier les avantages qu'apportent ces solutions.

Défi, surmonter, solution et gagner sont des mots avec lesquels je vis quotidiennement. Les « défis » sont des occasions. Le fait de les « relever » en est l'inévitable résultat.

Les « solutions » sont le tremplin qui me propulse vers le succès et « gagner » est mon mode de vie.

J'ai le sentiment que si vous ne faites rien de plus que lire cet exemple de monologue intérieur trois ou quatre fois par jour pendant une semaine ou deux, vous commencerez à voir vos problèmes sous un jour différent, comme d'autres l'ont fait avant vous, même si ces énoncés n'abordent pas un problème en particulier. Ils ne traitent que de votre approche générale par rapport aux problèmes.

Penchons-nous maintenant sur un problème précis, un problème qu'un grand nombre d'entre nous voient surgir, à un moment ou à un autre, lorsque nous tentons d'atteindre un but que nous nous sommes fixé : le problème de l'« organisation » – la façon de gérer notre temps et nos ressources d'une manière plus efficace et plus productive.

Il existe plusieurs excellents ouvrages qui traitent de la gestion du temps et de l'organisation personnelle. Imaginez tout ce que ces livres pourraient vous apprendre si vous créiez d'abord un « environnement intérieur » où règnent l'organisation et le contrôle personnel. Avant de tenter d'appliquer les techniques qui soignent les symptômes, imaginez que vous créez un nouveau programme interne qui construit un nouveau concept de soi plus organisé ! Il existe d'excellents systèmes et méthodes pour qui veut s'organiser, gérer son temps et devenir plus productif, et pour qui veut bien prendre le temps de lire un livre ou deux sur le sujet.

Mais en lisant ces ouvrages sur la gestion du temps et l'organisation, songez à quel point le terreau d'un esprit ouvert serait fertile – un esprit qui aurait été reprogrammé, fermement convaincu, peu importe vos anciennes croyances, de croire maintenant qu'être « organisé » est une qualité naturelle chez vous.

Si votre objectif est d'organiser vos pensées, votre emploi du temps et vos activités afin d'optimiser vos réalisations et de vous aider à atteindre le reste des buts que vous vous êtes fixés, alors au lieu de vous fier à votre ancienne programmation, il est tout aussi facile et beaucoup plus efficace d'utiliser une série différente de commandes internes.

> *Je suis organisé et je suis maître de ma vie. Je suis maître de moi-même, de mes pensées, de mon temps, de mes gestes et de mon avenir.*
>
> *Je sais quoi faire et quand le faire. Et je fais tout ce que je dois faire, quand je dois le faire.*
>
> *Je programme mon esprit de manière à utiliser mon temps de façon optimale. J'exerce un contrôle sur mon temps et sur la façon dont je l'emploie. J'aime être organisé, efficace et à jour. J'y arrive en gérant bien mon temps.*
>
> *Je ne perds jamais de temps – je « planifie » toujours mon emploi du temps. Et parce que je le fais, j'ai toujours le temps de faire les choses que je choisis de faire.*
>
> *Chaque jour, je deviens plus organisé et maître de tous les aspects de ma vie – à la maison, au travail, dans mon esprit et dans mes pensées, dans tout ce que je fais.*
>
> *Je suis très bien organisé. Chaque soir, je dresse la liste des choses que je dois faire le lendemain. J'établis mes priorités et je les respecte.*

Je ne suis jamais en retard. Je me trouve toujours à l'endroit exact où je dois être, au moment précis où je dois y être. Il est facile pour moi d'être à l'heure, et plus j'exerce un contrôle sur mon emploi du temps et plus je deviens organisé, plus c'est facile.

J'exerce un contrôle sur mes sentiments, mes émotions, mes attitudes et mes besoins. Je les contrôle ; ils ne me contrôlent pas.

Je sors toujours gagnant des résultats de mes actions. Et je vis ma vie par choix, sans en laisser le déroulement au hasard. Je prends donc le temps d'en prendre le contrôle.

J'ai un esprit organisé et méthodique. Parce que mes pensées sont organisées, je mène ma vie avec discipline.

Mes pensées sont toujours extrêmement positives et productives. La façon dont je pense est la façon dont je vis – et je pense « bien ».

Je suis le maître de mon destin. Je sais où je vais et je sais pourquoi j'y vais. Ma vie terrestre se trouve entre mes mains et je la contrôle.

J'exerce un contrôle sur mes buts et sur leur atteinte. J'organise mes buts en les mettant par écrit, tout comme je note les étapes que je devrai franchir pour les atteindre. Mes buts sont clairement définis et organisés, et c'est l'une des raisons qui expliquent mon succès.

Je contrôle entièrement ce que je pense et la façon dont je pense. Je choisis donc de ne nourrir que des pensées qui m'aident et qui présentent un réel avantage pour moi.

Même après avoir utilisé le monologue intérieur à des fins personnelles pendant des années, et après avoir parlé et travaillé avec des milliers de gens qui écoutent et s'exercent à utiliser eux aussi le même type de monologue intérieur, je suis toujours impressionné par la valeur et l'importance de son caractère direct : plus il est simple et concis, plus il est efficace.

Lorsque j'ai rédigé des monologues intérieurs traitant de la perte de poids, j'ai pu dresser une longue liste de thèmes qui pouvaient tous être appliqués au problème central du contrôle du poids. Parmi ces thèmes, on compte la préparation mentale, la volonté, la santé et le bien-être, l'alimentation, les obstacles à la perte de poids, le maintien d'un poids santé, etc.

Chacun de ces thèmes exigeait la création d'un message nécessaire et important qui visait directement l'aspect central du problème. Ensemble, ces scénarios couvraient tous les programmes mentaux qui, isolément, avaient contribué à la création du problème global de surpoids. Il est important que votre monologue intérieur personnel soit simple, *mais il doit également être direct et il doit aborder chaque facette du problème que vous souhaitez résoudre ou du but que vous souhaitez atteindre.*

Pour illustrer à quel point un bon monologue intérieur peut être explicite et direct, voici quelques exemples des directives personnelles que j'ai rédigées sur le thème de la perte de poids. Ce texte traite d'une question – et d'un but – avec lesquels tous ceux qui ont déjà eu un problème de poids ont dû jongler à un moment ou à un autre : le problème qui surgit au moment de « se mettre à table ». Il commence par l'importante directive qui fait appel au contrôle personnel et qui plonge ensuite dans les *détails* du problème.

> *J'exerce un contrôle sur moi-même à tous les points de vue – en tout temps et dans toute situation.*
>
> *Chaque fois que je m'assois pour manger, je réaffirme ma détermination à atteindre mon but. En mangeant bien, et en n'abdiquant jamais, je perds mes kilos superflus.*
>
> *Que je mange à la maison ou à l'extérieur, je souhaite vraiment de manger moins.*
>
> *Je n'éprouve jamais le besoin de manger tout ce qu'il y a dans mon assiette. Je n'avale que le nécessaire – jamais une bouchée de plus.*

Un moyen facile et efficace de perdre du poids consiste à mettre moins de nourriture dans mon assiette, et sur ma fourchette!

En commandant moins de nourriture lorsque je mange à l'extérieur, et en me servant de plus petites portions à la maison, je demeure conscient de l'importance de ne pas perdre de vue mon objectif – jour après jour. « Une assiette moins garnie signifie une taille amincie. »

Lorsque je m'assois pour manger, je ne permets jamais à quiconque de m'influencer, de me tenter ou de me décourager de quelque façon négative que ce soit.

Je suis le seul à décider de ce que je mange et des buts que je désire atteindre. Et je n'accorde à personne le droit de faire obstacle à ma réussite ou de s'ingérer dans mon cheminement.

Bien que d'autres personnes puissent bénéficier de ma réussite, je perds du poids pour des raisons personnelles – pour moi-même, ma vie, mon avenir et mon propre bien-être.

Jamais, au grand jamais, je ne suis tenté de prendre une bouchée de plus que je ne le devrais. Je suis fort, je suis capable d'atteindre mon but, et je réussis!

Les situations où la nourriture abonde ne sont plus un problème pour moi. Je dis tout simplement « Non » à la nourriture et « Oui » à ma réussite.

J'aime m'asseoir pour manger. Chaque fois, je surmonte mon passé et je me crée un avenir dans lequel je serai plus svelte, plus heureux et plus confiant.

Lorsque je m'assois pour manger, je n'ai pas besoin que quelqu'un d'autre me rappelle mon but ou m'empêche de manger mal. J'assume l'entière responsabilité de mes choix, et personne n'a à le faire à ma place.

Contrôler mon poids et mon appétit est maintenant facile pour moi. Je préfère de plus petites portions, de plus petites bouchées, ainsi qu'une façon de manger plus lente, plus saine et plus détendue.

Je me suis fixé un but et je n'en démords pas. J'ai transformé l'« heure du repas » en « heure de réalisation ».

Ceci est le type de nouveau monologue intérieur sain qui, lorsqu'il est adopté ne serait-ce que pendant une brève période de temps, commence à intervenir automatiquement pour remplacer l'ancien monologue intérieur qui nous empêchait d'atteindre le but que nous visions. Une fois que vous vous serez conditionné à apporter cette simple modification à ce que vous vous dites, les nouvelles directives s'imposeront d'elles-mêmes, sans que vous y pensiez.

Chapitre 19

La motivation intérieure

Il existe une énergie qui peut engendrer soit le mouvement, soit l'immobilité dans notre vie. C'est une énergie qui s'exprime sous forme d'amour, de peur, de joie, de colère, de passion ou de désespoir. Elle se manifeste sous forme d'extase, d'inquiétude, de fierté, de jalousie, de désir, de chagrin, de compassion ou d'allégresse. Ce sont là nos émotions ; c'est ce qui nous motive ou nous démotive. Ces émotions nous poussent de l'avant – ou freinent notre élan. Ce sont les feux qui emplissent notre vie d'action, ou qui nous consument dans les braises fumantes de la soumission.

Plus tôt, je vous ai donné l'exemple du gestionnaire qui tente de modifier l'attitude de ses employés en utilisant la méthode « de la carotte ou du bâton ». J'ai souligné le fait que cette méthode ne permet pas de changer les attitudes. Elle fait plutôt appel à des émotions naturelles telles que le désir ou la peur, des émotions que nous éprouvons déjà, pour motiver temporairement l'individu à passer à l'action.

Comment tirer le meilleur parti de ces facteurs de motivation émotionnels ? Comment trouver ce qu'il y a de mieux en nous et chez les autres – et le mettre en pratique ? Dans un chapitre précédent, nous avons discuté des techniques de motivation populaires qui font appel à la motivation extérieure. Voyons maintenant plus en détail la façon d'utiliser le monologue intérieur dans le but de nous motiver.

La forme de motivation la plus courante est extérieure, c'est-à-dire lorsque nous nous appuyons sur des facteurs externes pour nous taper dans le dos, nous encourager, nous persuader ou nous botter le derrière de manière à avancer et à faire ce que nous savons que nous aurions dû faire dès le départ.

La motivation extérieure ne vient pas nécessairement d'un ami attentionné qui nous encourage à faire de notre mieux. Un grand nombre de ces facteurs de motivation externes ne sont même pas humains – et ils ne se soucient donc pas que nous réussissions ou non.

Pour illustrer ce point, laissez-moi vous donner quelques exemples de facteurs de motivation externes qui font bien plus que nous guider. Ce sont les facteurs de motivation qui exigent notre attention et qui sollicitent une réaction appropriée de notre part : notre patron, un prêt bancaire, un paiement hypothécaire, le dîner du vendredi prochain auquel nous avons accepté d'assister, mais auquel nous ne souhaitons pas aller, l'orthodontiste, la pile de documents non achevés qui s'accumulent sur notre bureau, un examen de mi-trimestre, notre émission de télé préférée, la facture de services publics ou la partie de base-ball du samedi.

Qu'ils en aient l'air ou non de prime abord, ce sont tous des facteurs de motivation. Et la majorité d'entre eux pourraient être qualifiés de facteurs de motivation positifs. Après tout, c'est à cause d'eux que nous payons notre loyer, que nous arrivons au travail à l'heure, que nous respectons nos engagements sociaux, que nous prenons soin de notre famille et que nous nous accordons du temps libre.

UN ÉLAN POSITIF

Bien entendu, les meilleurs facteurs de motivation, ceux que nous préférons, sont également ceux qui nous poussent à nous dépasser, à en faire un peu plus, à atteindre nos buts et à connaître une vie meilleure. Ils découlent habituellement des propos de quelqu'un qui nous dit que nous sommes capables d'accomplir de grandes choses, que nous pouvons surmonter n'importe quel obstacle et atteindre n'importe quel but. Les conférenciers spécialistes de la motivation excellent particulièrement en ce sens. Mais autant pouvons-nous apprécier nous faire dire par les autres à quel point nous sommes formidables, chaque forme de motivations extérieure demeure éphémère, aussi exigeante, excitante ou encourageante soit-elle.

En somme, un grand nombre de facteurs nous poussent à agir. Mais la question est : qui exerce le contrôle ? Assumez-vous vos responsabilités en allant de l'avant, ou laissez-vous les circonstances de la vie quotidienne les prendre en charge pour vous ? Décidez-vous soigneusement de ce qui vous motive et de ce qui ne vous motive pas ? Et plus important encore, êtes-vous motivé par des influences extérieures, ou êtes-vous personnellement le plus grand facteur de motivation dans votre vie ?

Si vous souhaitez exercer un contrôle sur les forces qui influent sur tout ce que vous faites, alors vous aimeriez certainement être maître de votre propre motivation. Cela voudrait dire que vous aimeriez vous motiver de la meilleure façon possible – c'est-à-dire trouver la motivation forte, accrocheuse, constante, fiable et efficace dont vous avez besoin, ce genre de motivation que vous seul êtes capable de vous donner.

La seule motivation dont nous pouvons être sûrs est celle qui prend naissance en nous : la motivation « intérieure ». C'est le genre de motivation qui ne nécessite pas l'aide d'autrui, qui ne fait pas appel à l'assistance ou au soutien de quelqu'un ou de quelque chose. La motivation personnelle est la motivation qui naît du sentiment d'avoir un but, d'un sentiment d'estime de soi et d'autodétermination.

QUELQUE CHOSE DONT TOUT LE MONDE A BESOIN

Peu importe notre gagne-pain ou ce que nous faisons actuellement dans la vie, nous avons tous besoin de motivation. Que vous soyez vendeur, athlète, gestionnaire ou employé, votre degré de motivation peut faire la différence entre l'atteinte de vos buts et l'échec. Votre motivation a une incidence sur votre emploi, votre revenu, votre détermination et vos résultats. Tout comme votre attitude, votre motivation influe sur tout ce que vous faites.

Même si vous n'évoluez pas dans une arène compétitive, vous avez besoin de motivation pour continuer à aller de l'avant. J'ai connu des parents qui avaient perdu toute motivation. Lorsqu'il s'agissait d'élever leurs enfants, ils perdaient pied. Un pasteur motivé inspire davantage sa communauté qu'un pasteur qui a perdu toute inspiration. Un élève très motivé à obtenir de bonnes notes passera davantage de temps à étudier qu'un élève qui ne vise qu'à obtenir la note de passage.

Nous avons tous besoin de motivation sous une forme ou une autre, du moment où nous ouvrons les yeux le matin au moment où nous posons la tête sur l'oreiller le soir. De fait, on peut dire sans se tromper que le seul moment où nous n'avons *pas* besoin de motivation est lorsque nous dormons, lorsque nous nous reposons sans aller nulle part. Le problème, c'est que la majorité d'entre nous apprennent à s'appuyer sur une motivation extérieure alors que nous devrions apprendre à faire preuve d'autonomie à cet égard. Les gens qui réussissent haut la main dans tout ce qu'ils entreprennent sont ceux qui se motivent le mieux. Ils prennent leur vie en main, ils cheminent dans la direction qu'ils ont choisie et se considèrent comme responsables de leur réussite.

Pour motiver quelqu'un, n'importe qui, à faire quelque chose, vous devez exercer une influence sur ses *émotions*! De fait, un grand nombre de psychologues de la motivation croient qu'il est impossible de motiver un individu à faire quelque chose qu'il n'aura pas au préalable accepté de faire. Étant donné que nos émotions sont nos facteurs de motivation, l'émotion doit être transformée ou redirigée avant que la motivation puisse s'installer. La même chose est vraie lorsque l'on se motive soi-même.

Au lieu de nous appuyer sur une quelconque source extérieure pour nous aider à nous motiver, songez à quel point il serait préférable de toujours pouvoir se fier à nous-mêmes pour trouver cette même motivation. Si nous apprenons à utiliser les bons mots lorsque nous nous parlons à nous-mêmes, nous pouvons aisément apprendre à nous donner la motivation dont nous avons besoin, chaque fois que nous en avons besoin.

Ce premier exemple de monologue intérieur visant à se motiver soi-même est conçu pour nous «élever» sur le plan émotif. Il vous parle de vous d'une manière qui vous pousse à l'action tout en entretenant cette motivation qui vous fait croire davantage en vous. Vous ne faites pas que vous programmer pour relever un défi, vous vous donnez également une plus grande assurance, car vous croyez que vous atteindrez votre but.

C'est un monologue intérieur que tout le monde peut utiliser en tout temps. Il ne traite pas d'un domaine de la motivation personnelle en particulier – conclure davantage de ventes, se lever à l'heure, marquer des buts pendant un match de basketball ou mettre des dossiers à jour –, mais il sera efficace dans tous les cas. C'est un monologue intérieur qui donnera une nouvelle série de directives à votre subconscient et qui contribuera à vous motiver dans tous les aspects de votre vie.

Je peux faire tout ce en quoi je crois! Je réussis toujours mieux, jour après jour. J'ai du talent et des compétences.

Je me fixe des buts et je les atteins. Je sais ce que je veux dans la vie, je fonce et je l'obtiens.

Les gens m'aiment et j'ai une bonne opinion de moi-même. Je suis fier de ce que je suis et je crois en moi.

Rien ne semble pouvoir m'arrêter. J'ai beaucoup de détermination. Je transforme les problèmes en avantages. Je trouve des occasions dans des situations auxquelles les autres ne donnent aucune chance.

J'ai beaucoup d'énergie – je suis très vivant ! J'aime la vie et les autres s'en rendent compte. Je ne me laisse pas abattre, je regarde devant moi et j'aime ce que je vois.

Je sais que je peux accomplir tout ce que je veux et je refuse de laisser toute chose négative me freiner ou se dresser devant moi.

Je n'ai peur de rien ni de personne. Je suis rempli de force, de pouvoir, de conviction et de confiance ! J'aime les défis et je les relève haut la main – tout particulièrement aujourd'hui !

Je suis au sommet du monde et je vais de l'avant. Je visualise clairement ce que je veux. Je peux voir ce qui m'attend. Je sais ce que je veux et je sais comment l'obtenir. Je sais qu'il n'en tient qu'à moi et je sais que je peux réussir.

Les obstacles ne me rebutent pas. Ils signifient tout simplement que je suis vivant et que j'avance. Rien ne me fera faire du surplace.

Je sais que j'ai en moi ce qu'il faut – tout ce qu'il faut – et je sais comment m'en servir. Aujourd'hui, plus que jamais. Aujourd'hui, rien ne peut m'arrêter ! Je me suis pris en main et je le fais un peu plus chaque jour. Et aujourd'hui, attention, me voilà !

Des limites ? Je ne les vois pas comme des restrictions. Il n'y a aucun défi qui me résiste ; il n'y a pas de murs que je ne peux franchir. Il n'y a pas de problèmes que je ne peux résoudre, ou contourner pour en tirer parti.

Je garde la tête haute ! Je suis honnête et sincère. J'aime traiter avec les gens et les gens m'aiment. Mes idées sont claires et précises. Je suis organisé. Je suis maître de ma personne et de tout ce qui me concerne.

Je tiens les rênes de ma vie et je ne dépends de personne. Je ne blâme jamais les autres pour les circonstances de ma vie. J'accepte mes échecs et je poursuis ma route aussi aisément que j'accepte les récompenses qui découlent de mes réussites.

De moi-même je n'exige jamais la perfection, mais j'espère toujours offrir ce qu'il y a de mieux en moi, et c'est ce que je fais !

Je ne me trouve jamais d'excuses. J'accomplis mes tâches à temps et de la bonne façon. Aujourd'hui, j'ai en moi la force d'en faire plus que jamais.

Je suis un être humain exceptionnel. Mon incroyable confiance en moi transforme mes buts en réalité. J'ai le pouvoir de vivre mes rêves. Je crois en eux comme je crois en moi. Et cette croyance est si forte que rien *ne peut diminuer mon énergie imbattable.*

Lisez ceci chaque matin devant le miroir pendant les jours qui suivent ! Ne serait-il pas merveilleux si quelqu'un croyait si fort en nous et sur qui nous pouvions compter chaque jour pour nous dire ces incroyables vérités si motivantes à notre sujet ? Si c'était le cas, nous aurions certainement le meilleur ami qu'il est possible d'avoir dans notre vie.

En fait, nous avons un tel ami. Chacun de nous a cet ami. Il se trouve en nous. Il suffit de faire appel à lui et il sera là, sans jamais faillir, en tout temps, en toutes circonstances.

DONNEZ VIE À VOTRE MONOLOGUE INTÉRIEUR

La première fois que vous lirez ces nouveaux énoncés de confiance en soi et de motivation personnelle, il se peut que vous n'y voyiez qu'un discours gentiment rassurant. Donnez-leur vie. Scandez-les haut et fort s'il le faut, mais emparez-vous-en, accrochez-vous-y et faites-les vôtres.

Si vous êtes seul, faites une pause, revenez une page ou deux en arrière et relisez ces mêmes mots, cette fois à voix haute. Donnez-vous la permission de faire taire votre incrédulité. Mettez vos doutes de côté. Pendant un instant, parlez-vous comme si vous étiez la personne la plus importante de l'univers. (Vous l'êtes, vous le savez.)

Ne vous inquiétez pas si, au début, vous vous sentez bizarre ou mal à l'aise en vous parlant de cette nouvelle façon. À moins que vous ne soyez déjà habitué à répéter à voix haute vos monologues intérieurs, cela devrait vous sembler quelque peu étrange. Après tout, vous donnez tout un choc à votre ancienne programmation ! Elle n'a probablement pas l'habitude d'entendre une description ininterrompue de ce nouveau vous incroyable.

Plus vous répéterez ces énoncés, plus cela vous paraîtra naturel. Et en peu de temps, si vous persévérez, ces nouveaux mots s'imposeront même si votre ancienne programmation tente de résister et de vous faire croire que vous êtes ridicule.

Si vous n'êtes pas seul et que vous ne pouvez pas scander ces nouvelles directives à voix haute, revenez en arrière et relisez-les en silence, un mot à la fois. Dites-vous d'écouter. Prêtez attention aux images que ces énoncés font naître dans votre esprit et qui vous montrent comme étant l'individu que vous vous décrivez à vous-même.

Le monologue intérieur ne se résume pas à quelques lignes de mots encourageants imprimés dans les pages d'un livre. Lorsque vous les appliquez *à vous*, ces mots prennent vie. Dès que vous commencez à les dire, à les lire, et à les intérioriser consciemment, ils prennent une signification personnelle et s'animent d'une vie qui leur est propre – et ils jouent un rôle qui pourrait devenir important dans tous les aspects de votre vie. Ils sont votre meilleur ami, cette partie de vous qui vous dit la vérité à votre sujet.

Tant qu'à donner un choc à votre subconscient avec ces nouveaux mots, avec ce nouveau type de monologue intérieur, aussi bien forcer la dose. Au lieu de laisser les facteurs de démotivation vous affaiblir ou vous mettre à genoux, ne serait-ce qu'un instant, chassez-les de votre vie ! Levez-vous, affrontez-les, montrez-leur la porte et dites-leur de sortir de votre vie. Vous en avez fini avec eux et vous n'en avez plus besoin. Stoppez leur élan ! Terrassez-les.

Et lorsque votre subconscient croira que vous avez terminé, continuez ; donnez-lui-en plus. Et cette fois, commencez par prendre consciemment la décision d'*exiger* que votre moi intérieur écoute très attentivement.

Je sais que la grandeur naît dans l'esprit des grands. Je sais que ce que je crois à mon sujet est ce que je deviendrai. Je crois donc à ce qu'il y a de mieux pour moi-même.

J'ai le sens pratique, je suis réaliste, et je garde les pieds sur terre. Mais je me donne également la liberté d'être à la hauteur de mes plus grandes espérances.

Je ne suis jamais limité par le manque de vision des autres – au contraire, je suis ouvert à un vaste horizon de possibilités infinies.

Lorsque quelqu'un me dit que je ne « peux pas », je lui réponds « pourquoi pas » ? Lorsque quelqu'un me dit « c'est impossible », je lui réponds que rien n'est impossible à moins que telle soit ma conviction. Et je crois fermement que, grâce à la forteresse de ma confiance, grâce à moi, rien n'est impossible.

Je suis rempli d'énergie, de fougue, de vigueur et d'endurance. J'ai une bonne attitude gagnante à l'égard de moi-même et de tout ce que j'entreprends. Je suis pragmatique et réaliste, mais je crois également que la meilleure issue possible peut être apportée à toute situation.

S'il m'est déjà arrivé de douter de moi-même, c'est une bonne journée aujourd'hui pour me débarrasser de ces doutes. C'est une bonne journée pour me défaire des doutes qui m'ont déjà retenu.

Je sais que je chemine dans la bonne direction et je regarde devant moi, jamais derrière. J'ai l'habileté de me concentrer sur une chose à la fois et je me consacre entièrement à la tâche que je dois exécuter – et je l'accomplis !

Aujourd'hui est l'une de ces journées où rien ne peut obstruer ma route. Lorsque j'ai besoin d'une plus grande détermination, je la trouve en moi ! Lorsque j'ai besoin de plus d'énergie, je la trouve en moi ! J'ai le pouvoir d'atteindre mes buts et la patience d'y arriver, peu importe la tâche ou le défi.

Actuellement, alors même que je me dis ces vérités à mon sujet, je sais que je peux réussir et je réussis. En ce moment même, si je songe à un défi qui se dresse devant moi, je sais qu'il fera en sorte que j'en sortirai gagnant.

Je garde la tête haute. Tout dans mon attitude, mes pensées et mes sentiments illustre le battant que je suis ! Chaque fois qu'un problème commence à me faire fléchir, je me relève ! Je m'attaque aux problèmes et je les résous. Lorsque la frustration ou l'échec me menace, je me montre tout simplement plus fort, plus positif, mieux organisé et plus déterminé que jamais !

Maintenant, aujourd'hui, en ce moment même, je suis capable de me faire le don de l'absolue et infinie confiance en soi.

Peu importe ce qui exige que je donne le meilleur de moi-même, je sais que je peux le faire et je le fais.

Aujourd'hui est un grand jour. Et j'ai tout ce qu'il faut pour réussir. Je choisis donc de bien faire les choses ! Je choisis de vivre cette journée dans la joie et l'amour.

Je sais qu'il n'en tient qu'à moi. À cent pour cent ! Pour tous les détails. Tout repose sur ma perception et les gestes que je fais ! Voilà ce qu'est le fait de gagner. C'est pour cette raison que je suis un battant.

Je me fixe des objectifs ; je garde mon équilibre. Je n'hésite pas. Je ne me retiens pas ! Je sais que le monde est rempli d'occasions. Voyez ce que je peux faire ; voyez jusqu'où je peux aller ! Voyez ce que je peux accomplir uniquement en me disant « oui » à moi-même !

Voyez ce que je peux faire aujourd'hui ! Je suis incroyable... et aujourd'hui est la journée idéale pour le montrer !

SACHEZ VOUS RELEVER QUAND LES CHOSES VONT MAL

La vente est un autre exemple de ces professions qui ont commencé à adopter les concepts du monologue intérieur afin d'augmenter la motivation intérieure. J'ai mentionné plus tôt que les vendeurs doivent en tout temps cultiver leur confiance en soi étant donné le nombre de rejets dont ils font l'objet. Chaque fois que la concurrence l'emporte, quelqu'un perd. Dans l'esprit du vendeur qui a perdu une vente, cette perte représente un échec. C'est pour cette raison que, dans le domaine de la vente, la demande en matière de spécialistes de la motivation est la plus forte.

Je recommande à ces organisations qui dépendent de vendeurs pour présenter et vendre leurs produits ou services d'ajouter les concepts du monologue intérieur à leurs programmes de formation existants. C'est une mesure facile à adopter, mais ses effets peuvent être profonds.

Même si vous n'évoluez pas dans le domaine de la gestion ou de la vente, vous savez probablement que chacun d'entre nous doit « vendre » – sa personne ou ses idées – pratiquement chaque jour de notre vie adulte. Si vous occupez un poste de gestionnaire ou de vendeur, lisez attentivement l'exemple de monologue intérieur qui suit. Mais même si vous n'êtes pas un vendeur professionnel, remarquez à quel point ce monologue intérieur axé sur la vente s'applique tout aussi bien à ces moments de votre vie où vous devez influencer ou persuader quelqu'un pour l'amener à adopter vos idées ou à faire quelque chose que *vous* voulez qu'il fasse.

La vente compte 12 aspects particuliers et un monologue intérieur précis convient à chacun d'eux. Parmi ces aspects, on compte la prospection, la présentation, la réfutation des objections, le suivi et la persévérance dans les moments critiques. Pour cet exemple, toutefois, je combinerai ces aspects et ne vous proposerai que quelques échantillons qui sont représentatifs du monologue intérieur axé sur la « vente ».

J'aborde chaque journée avec un esprit clair et un plan précis afin d'optimiser mon temps et mes efforts. Je respecte mon plan et j'atteins mes objectifs.

Une description précise de moi-même renferme les mots suivants : professionnel, travailleur, qualifié, compétent, énergique, enthousiaste, organisé, déterminé et très efficace.

J'excelle dans l'art d'amener les autres à penser comme moi. Et c'est parce que je commence toujours par reconnaître et comprendre le point de vue de l'individu à qui je présente mes idées, mon produit ou mon service.

Je sais écouter – et je le fais. J'ai appris à entendre non seulement les mots qui sont prononcés, mais je suis également à l'écoute des pensées non exprimées qui se cachent derrière eux.

Je suis toujours bien préparé. Je prends le temps de bien faire les choses. Dans tout ce que je fais, je suis préparé, confiant, plein d'assurance et efficace.

Je me soucie toujours des détails dans mon travail. Je tiens compte des détails qui entourent la vente et je m'en occupe toujours à temps et en y mettant toute mon attention.

Je garde toujours le moral. Je sais qu'en faisant de bonnes argumentations de vente, je me sentirai bien, plein d'énergie et maître de la situation. C'est exactement ce que je suis, et mes présentations de vente sont toujours professionnelles et efficaces.

Je ne tente jamais de contourner les problèmes ou d'éviter une visite de vente. Je continue à travailler et j'en sors toujours gagnant.

Je mérite les ventes que je réalise. Je sais que ma réussite comme vendeur commence par la perception que j'ai de moi-même, c'est-à-dire un individu capable et productif.

Je suis toujours sincère et honnête. Je crois que toute réalisation dans le domaine de la vente repose d'abord sur la confiance, la compétence et la détermination. Je propose fréquemment mes produits, sans hésitation. À chaque « signal d'achat », je demande au client de passer une commande, et je conclus la vente !

Essuyer un refus ne me tracasse jamais. Le mot « non » augmente plutôt ma détermination et mon enthousiasme.

Étant donné les habiletés techniques qu'il convient de combiner, le vendeur qui « devient » mentalement l'individu que nous venons de décrire, même dans ces quelques brèves directives personnelles, s'inscrira incontestablement parmi ceux qui réussissent le mieux dans n'importe quelle organisation commerciale. Ayant travaillé avec de nombreux vendeurs par le passé, j'ai trop souvent entendu des monologues intérieurs tout à fait contraires.

À cause de notre programmation antérieure, il est très facile de se rabattre sur de vieux facteurs de démotivation – plaintes, excuses et doutes –, toutes ces raisons de rejeter le blâme d'un échec et de résultats décevants sur quelqu'un ou quelque chose : le directeur commercial, l'entreprise, la forme de rémunération ou la concurrence.

Au lieu d'attiser en eux la flamme de la confiance en soi, un trop grand nombre de vendeurs, tout comme un grand nombre d'entre nous dans notre propre carrière, résolvent les problèmes du jour en évitant de faire les gestes qu'ils savent devoir effectuer.

Au lieu de consacrer quelques minutes à cette activité hautement productive qui est de nous motiver à passer à l'action, nous nous persuadons de ne pas agir, et nous nous servons une autre tasse de café.

LA LUMIÈRE QUI NE FAIBLIT JAMAIS

Nous pouvons apprendre à nous motiver. Nous pouvons apprendre à devenir entreprenants, dynamiques et performants. Cela exige moins de temps et moins de formation que tout autre type de développement motivationnel que je connais. Il suffit de s'y mettre, et notre moi intérieur, cette partie de nous qui veut réussir, commencera bientôt à suivre la nouvelle voie que nous lui proposons.

Il y a en chacun de nous une partie vitale qui n'attend que de se faire dire qu'il est « très bien d'aller de l'avant et de réussir ». Elle ne souhaite rien d'autre. Il ne lui faut que quelques nouveaux mots.

Il y a un géant qui dort en nous. Il cherche *la lumière qui ne faiblit jamais* – cette motivation qui vient de nous ; il en a besoin. Si nous l'alimentons, chaque jour, de la bonne manière, il deviendra une partie de nous qui vaincra nos peurs, tuera le dragon et nous guidera vers la victoire. C'est un génie magique aux pouvoirs inestimables qui attend impatiemment qu'on le libère. C'est cette partie de nous qui est essentielle, qui pousse à l'accomplissement de soi. Elle attend depuis longtemps que nous lui disions quoi faire. Allez-y, faites-vous plaisir ! Offrez-vous une gâterie excitante. Libérez le géant. Demain matin, réveillez-le.

CHAPITRE 20

Le monologue intérieur situationnel

Ce chapitre propose l'une des techniques d'auto-assistance les plus simples et pourtant les plus efficaces que je connaisse. En fait, c'est peut-être parce qu'elle est d'une simplicité désarmante qu'elle passe aussi aisément inaperçue. C'est une méthode que n'importe qui peut utiliser en prenant tout simplement la décision de le faire. Ce n'est pas une technique qu'il faut apprendre ; il suffit d'en être conscient – et de l'appliquer. Et même si son efficacité croît avec l'usage, elle donnera des résultats dès le début.

Je dois admettre que lorsque j'ai commencé à explorer l'utilisation du monologue intérieur « situationnel », je n'ai pu m'empêcher de me demander s'il était possible que quelque chose d'aussi évident, d'aussi simple, puisse fonctionner aussi bien. Toutefois, ayant étudié un grand nombre de techniques d'auto-assistance, j'étais bien conscient du fait que les techniques les plus efficaces sont souvent les plus simples et les plus évidentes. Et cette description s'applique aussi au monologue intérieur situationnel. Et même si cette forme de monologue intérieur vous semble trop élémentaire pour être valable, je vous conseille vivement d'en faire l'essai.

Ayez-y recours pendant une journée, pendant une semaine, et ensuite pendant un mois. Vous aurez alors pris l'habitude d'utiliser automatiquement le monologue intérieur situationnel et il ne vous paraîtra plus sans importance ou ridiculement simple. Il deviendra l'un de vos plus grands alliés en matière de développement personnel et de réussite. Quelle est cette clé toute simple qui peut ouvrir le coffre d'un tel trésor ?

FAITES UN AJUSTEMENT INSTANTANÉ

Un de mes amis m'a raconté l'histoire de sa tante qui, pendant des années, même si elle n'aimait pas cuisiner, devait le faire pour nourrir sa famille nombreuse. Chaque fois qu'elle entrait dans sa cuisine pour préparer un repas, elle se disait, à voix haute : *Cela va être amusant. Je vais passer un bon moment à cuisiner aujourd'hui.*

Plus tard, après le repas et une fois la vaisselle lavée, elle disait : « Ce n'était pas si mal ! » Et elle avait raison. En se disant quelques mots simples, elle arrivait à transformer une corvée en une tâche acceptable. Elle ne transformait pas la tâche en soi, mais sa perception de celle-ci.

C'est cela, le « monologue intérieur situationnel ». *C'est le genre de monologue intérieur qui transforme une situation lorsque nous ajustons notre perception de celle-ci.* C'est un type de monologue intérieur pratique et immédiat auquel vous pouvez avoir recours en tout temps et qui vous aidera instantanément. Le monologue intérieur situationnel diffère des autres formes de monologue intérieur dont nous avons parlé dans les chapitres précédents en ce sens qu'il ne nécessite pas de « script » pour donner des résultats. On peut l'utiliser en un instant, à voix haute ou en silence. Il peut prendre la forme d'une simple pensée, ou encore de quelques mots bien choisis.

Le monologue intérieur situationnel diffère également d'autres formes de monologue intérieur en ce sens qu'il ne doit pas être uniquement formulé au temps présent. Il traite déjà de l'ici et du maintenant, d'aujourd'hui ou du proche avenir. Son premier objectif n'est pas de créer à long terme une nouvelle image intérieure de vous-même ; il traite avant tout d'aujourd'hui, *aujourd'hui.* Donc, lorsque vous vous dites : *Je souhaiterai aller travailler aujourd'hui,* vous parlez au temps futur (souhaiterai), mais vous faites quand même référence au présent.

Comme les autres formes de monologue intérieur, cette variété instantanée peut vous aider à améliorer votre attitude, à vous débarrasser d'une mauvaise habitude, à résoudre un problème, à atteindre un but ou à vous motiver à faire mieux, mais elle fonctionne différemment.

On utilise le monologue intérieur situationnel lorsqu'on est confronté à une situation qu'on aurait préféré éviter, ou lorsqu'une occasion inattendue se présente et qu'elle nécessite notre attention immédiate. Dans la majorité des cas, ce type de monologue intérieur sert à surmonter des circonstances temporaires qui nous déplaisent. Voici un exemple.

Vous êtes au travail et le téléphone sonne. C'est un appel de quelqu'un à qui vous n'avez pas envie de parler, mais vous devez répondre. Vous ne le voulez pas, mais vous savez que vous devrez vous occuper du problème tôt ou tard. Vous pouvez soit lui parler maintenant ou repousser la confrontation. Mais la situation risque alors de s'envenimer. C'est donc à vous de choisir ; la décision de décrocher le combiné n'appartient qu'à vous.

C'est dans un tel moment que quelques mots bien choisis peuvent vous aider à prendre la bonne décision. Au lieu de vous dire : *Oh non, pas encore lui ! Dites-lui que je le rappellerai plus tard*, vous pouvez utiliser un monologue intérieur qui réglera le problème une fois pour toutes :

> *J'aime régler des problèmes. Je m'attaque toujours aux problèmes et je ne les évite jamais. Je parlerai à cette personne sans hésiter.*

Dans cet exemple, il suffit de cinq ou six secondes pour vous dire ces quelques mots. Ainsi, vous pourrez sans doute éviter des heures d'embêtements. Prendre le temps de vous convaincre consciemment de faire ce qui se doit vous fait non seulement gagner du temps, mais vous procure quelque chose de plus important encore : cela représente une petite réussite dans le développement de votre crédibilité personnelle – une petite, mais édifiante étoile dorée dans le dossier de votre estime de soi.

Je suis convaincu que le monologue intérieur situationnel, cette forme de monologue intérieur qui semble la plus simple, est parfois la plus utile de toutes. Si vous mettez consciemment en pratique les autres formes de monologue intérieur pour organiser votre vie et vous améliorer dans des aspects importants de celle-ci, le monologue intérieur situationnel en devient un sous-produit presque automatique. Mais si vous n'êtes pas conscient de ce type de monologue intérieur, vous pourrez ne pas reconnaître à quel point il est facile à utiliser et tout le bien qu'il peut vous apporter.

MAÎTRISEZ LE STRESS

Il y a de nombreuses années, j'entrais dans la catégorie de ces individus qui ont des accès de colère lorsqu'ils se trouvent au volant de leur voiture dans une circulation dense. Je connais des gens qui profèrent des quasi-obscénités (ou pire) lorsque les feux de circulation changent de couleur au mauvais moment, ou à l'intention d'autres automobilistes qui sortent de la file devant eux ou leur coupent la route. Lorsqu'ils risquent d'être en retard, ils appuient, avec une force égale, sur la pédale de frein, l'accélérateur et le klaxon.

À leurs yeux, cela ne semble pas avoir de lien avec l'importance de partir à temps. Derrière le volant, toute vengeance est infligée avec une égale fureur. Ensuite, ce style de conduite agressive devient une habitude. Ces individus autrement très aimables deviennent tellement habitués à conduire avec stress qu'ils agrippent leur volant avec la même poigne qu'un pilote de l'Indianapolis 500, et ce même lorsqu'ils ne sont pas en retard ou qu'ils ne vont nulle part en particulier.

Un de mes amis – le propriétaire d'une entreprise prospère dans la région de Los Angeles – est, à son réveil chaque matin, l'un des individus les plus calmes que je connaisse. Il est toujours aimable, attentionné, respectueux et compréhensif – sauf lorsqu'il tente de changer de voie sur l'autoroute et que quelqu'un l'en empêche involontairement.

Ma foi intrinsèque envers la bonté de l'humanité me dit que le jeune homme qui conduit la voiture usagée qui coupe la voie à mon ami, qui se trouve au volant de sa luxueuse voiture importée, est probablement une bonne personne. Si seulement il savait de quelles épithètes il vient d'être qualifié ! Et puis, quelques instants plus tard, mon ami retrouve son calme. Il redevient pondéré jusqu'à ce qu'un autre malheureux automobiliste fasse une fausse manœuvre et qu'un autre accès de colère s'empare de lui.

Pour ma part, les feux de circulation et la lenteur du trafic étaient de grands facteurs de stress. Un jour, alors que je roulais vers mon bureau, je me suis rendu compte que je tentais de prédire avec une certaine paranoïa les passages au vert à chaque intersection. À mi-chemin, j'ai réalisé que je nuisais ainsi à mon attitude, et probablement à ma santé. Et j'ai également compris que mon comportement n'était pas celui que l'on pouvait s'attendre à trouver chez un adulte. Je me comportais avec la circulation à peu près de la même façon qu'un bébé de 18 mois le ferait avec la faim !

J'ai immédiatement pris une décision. J'ai décidé que la circulation ne serait plus jamais une source de stress pour moi. J'ai renforcé ma décision avec quelques lignes d'un monologue intérieur situationnel.

J'aime me détendre pendant que je conduis ma voiture.

Je me donne toujours suffisamment de temps pour arriver à destination. J'arrive toujours à l'heure ou en avance.

Les changements de feux de circulation ont lieu au moment propice : ce n'est pas moi qui décide. Si le feu passe au rouge avant que j'arrive à une intersection, je m'arrête et j'attends le feu vert. Pendant ce temps, je me détends.

Une circulation lente ou un bouchon de circulation ne m'impatiente pas. Je suis heureux maintenant que cela me procure du temps pour organiser mes pensées et réfléchir à toutes ces choses qui sont bénéfiques pour moi. J'arriverai quand j'arriverai.

Ces directives personnelles se sont implantées dans mon subconscient. Depuis, il m'est arrivé à quelques reprises, en route vers l'aéroport alors que j'étais un peu en retard, de devoir me répéter consciemment ce scénario. Mais depuis ce jour, je ne suis plus le même au volant. Cela a-t-il été un changement difficile à apporter ? Non. Tout le monde peut-il faire de même ? Oui.

LA CHIMIE DU STRESS

Quelles contrariétés nous infligeons-nous ! Quelles émotions nous forçons-nous à endurer ! Les chercheurs dans le domaine de l'esprit et du cerveau ont réalisé de grandes découvertes en ce qui a trait aux produits chimiques naturels que notre cerveau sécrète et déverse ensuite dans notre système – uniquement à la suite d'une minute ou deux de stress émotionnel négatif.

Comme je l'ai souligné plus tôt, quelques minutes de colère, d'anxiété, de stress négatif et de frustration peuvent engendrer des niveaux très toxiques de produits chimiques dans notre corps, qui persisteront pendant des heures. Pourquoi faisons-nous cela ? Pourquoi nous permettons-nous de perdre le contrôle ? Nous le faisons parce que nous pensons que c'était la bonne chose à faire ; nous avons grandi sans nous débarrasser tout à fait des derniers vestiges de l'immaturité.

Nous avons conservé quelques-uns des schèmes de comportement négatifs de notre enfance de manière à pouvoir y recourir lorsque les choses ne sont pas à notre goût. Dans certaines entreprises, j'ai vu des gens habituellement raisonnables, du président du conseil d'administration à la secrétaire néophyte, s'emporter parce que la vie n'était pas comme ils le souhaitaient.

Nous sommes tous très humains. Mais rien ne nous empêche de surmonter une ou deux faiblesses humaines et de nous élever au-dessus du commun des mortels. Si votre entourage choisit de se laisser contrôler par les situations et les circonstances, il n'y a probablement pas grand-chose que vous pouvez faire. Mais vous pouvez exercer un contrôle sur la façon dont vous faites face à toute situation, toute complication imprévue et toute circonstance qu'il est impossible de changer.

Nous voulons tous changer de nombreuses choses – au travail, dans notre vie personnelle, à la maison, à l'école, avec nos amis, avec les règles et les lois qui régissent notre vie, avec ceux qui nous gouvernent, de la façon dont nous utilisons notre temps – avec tout ce qui nous concerne.

DES GESTES CONSCIENTS OU DES RÉACTIONS NON MAÎTRISÉES

La façon dont nous réagissons à ce que nous ne pouvons pas contrôler sera toujours l'épreuve ultime en matière de contrôle de soi ; de la perception que nous avons de nous-mêmes et de notre habileté à gérer notre esprit de manière à nous démarquer et à être satisfaits de notre sort. Cela fait partie de la maturité. C'est nous montrer responsables de nous-mêmes et vivre ainsi chaque jour.

Je suis souvent étonné par le nombre de gens qui se plaignent constamment de choses qu'ils ne peuvent pas changer. Combien de fois avons-nous entendu des gens se plaindre de quelque chose d'aussi incontrôlable que le temps qu'il fait ! Nous avons tous connu quelqu'un qui a laissé la pluie ou un ciel couvert ruiner une journée entière. Les conditions climatiques sont imprévisibles ; on ne peut rien y faire. Se plaindre d'une chose incontrôlable est non seulement insensé, mais le monologue intérieur négatif que nous utilisons alors a une incidence directe sur la façon dont nous nous sentons – mentalement *et* physiquement.

Il est tellement plus facile et sain de reconnaître la réalité de la situation telle qu'elle est (comme le temps qu'il fait) et d'ajuster notre monologue intérieur de manière à l'accepter et même d'en être reconnaissant. Pourquoi pas? De toute façon, il va encore pleuvoir! Essayez de voir les choses différemment. Offrez-vous quelques mots d'un monologue intérieur qui donnera une nouvelle perspective à votre subconscient et votre esprit conscient, du moins pour la journée :

> *Il pleut aujourd'hui, et c'est très bien. Je passerai une bonne journée et ce ne sont pas quelques gouttes de pluie qui m'arrêteront.*

Il existe un nombre croissant de preuves médicales et scientifiques qui nous disent que quelque chose d'aussi simple que d'« avoir une bonne attitude » est bien plus qu'une bonne idée.

Nous savons depuis des années qu'un bon état d'esprit nous facilite la vie. Mais nous savons également maintenant que quelque chose d'aussi anodin qu'un bon « état d'esprit » joue un rôle dans la réaction en chaîne mentale et biologique qui englobe chaque aspect de ce que nous sommes et de qui nous sommes – à chaque instant, tout au long de notre vie.

La recherche dans le domaine de la neuroscience laisse entendre que les pensées, les humeurs, les attitudes et les gestes que nous faisons jouent un rôle beaucoup plus important dans notre équilibre chimique mental et physique que nous ne l'avions jamais cru possible. Pour nous, les bénéficiaires de ce champ de recherche scientifique, les conclusions peuvent être surprenantes. Quelle importance ont quelques pensées anodines? Elles sont beaucoup plus importantes que nous l'avions imaginé.

Notre environnement biologique, notre constitution physique et notre santé influent sur notre état d'esprit. Plus notre environnement interne biologique est en bonne condition, mieux nous pensons et agissons. L'inverse est également vrai. Plus nous pensons de façon productive, plus nous influons de façon positive sur nous-mêmes, émotionnellement et physiquement.

TOUTE SITUATION S'INSCRIT DANS UN CYCLE

Le seul fait de vous dire que vous passerez une « bonne journée », par exemple, contribue non seulement à vous en convaincre mentalement, mais cela déclenche une réaction chimique électrique dans votre cerveau qui influe sur votre état d'esprit qui, à son tour a une incidence sur votre état physiologique, et ensuite sur la façon dont vous pensez.

C'est un cycle auto-engendré : pensée, réaction émotionnelle, réponse physique, pensée, réaction émotionnelle, etc., jusqu'à ce que quelque chose interrompe ou modifie le cycle. C'est pourquoi un incident négatif, qui se produit tôt le matin, peut provoquer une réaction en chaîne qui, si on n'y prête pas attention, peut influer sur tous les autres événements de la journée. Cela a un impact sur notre énergie et notre enthousiasme, notre esprit d'initiative et notre moral.

Cela signifie que vous pouvez saboter une journée entière en permettant, ne serait-ce qu'à un unique événement, de déclencher un cycle négatif. Ce dernier n'est pas causé par le problème ou l'événement qui semble en être à l'origine : le cycle commence par la façon dont nous réagissons au problème en premier lieu.

C'est pour cette raison qu'il n'est tout simplement pas pratique, physiologiquement ou mentalement, de se plaindre ou de se laisser abattre par des irritations tout à fait normales dans la vie quotidienne – ou par des situations sur lesquelles on ne peut exercer aucun contrôle. Mais par contre, vous pouvez, en un instant, changer la façon dont vous vous sentez devant ces situations. Au lieu de déclencher un cycle négatif, vous pouvez créer un cycle positif chaque fois que vous le voulez. Pour la majorité d'entre nous, il est beaucoup plus agréable de créer des cycles positifs et de passer une bonne journée.

Bien entendu, nous connaissons tous des individus qui semblent aimer être misérables. Même si les choses vont bien pour eux, ils trouveront quelque chose qui les aidera à se sentir malheureux. Heureusement, la majorité d'entre nous aiment se sentir bien. Nous préférons être heureux plutôt que malheureux – nous préférons nous sentir bien plutôt que nous sentir mal.

Et la vérité, c'est que n'importe qui peut être heureux ou malheureux, en harmonie avec les situations ou sans aucun contrôle, pratiquement en tout temps. Votre monologue intérieur n'est pas une solution magique dans toutes les situations, mais il peut vous aider à garder le contrôle et à les affronter de façon beaucoup plus réaliste et efficace.

Nous ne devons pas nous attendre à afficher un grand sourire tout au long de la journée. Mais je soupçonne que nous réussirions tous mieux dans la vie si nous souriions un peu plus souvent, et même beaucoup plus souvent.

TIREZ LE MAXIMUM DE CE QU'IL Y A DE MIEUX

Il arrive parfois, cependant, que nous nous heurtions à des situations qui sont plutôt normales, mais qui n'apportent pas une félicité éternelle. Si vous avez déjà amené un enfant aux urgences à 23 heures pour en repartir 3 heures plus tard avec un bambin ayant reçu 16 points de suture et un compte en banque délesté de plusieurs centaines de dollars, vous savez ce que je veux dire.

Si cela vous arrivait, imaginez ce qui vous traverserait l'esprit. Même si la blessure était sans gravité, vous seriez inquiet. Lorsque votre enfant s'est blessé, vous auriez immédiatement interrompu vos activités et vous auriez probablement passé les heures suivantes dans une salle d'attente à l'hôpital. Cela ne serait pas l'issue idéale d'une magnifique journée.

Si vous vous retrouviez dans une telle situation, comment vous sentiriez-vous ? Quelles pensées inconscientes vous diriez-vous à vous-même ? Il est plus que probable que vos émotions navigueraient entre la colère, l'inquiétude et la contrariété pure et simple !

Ce que vous vous dites à vous-même dans un tel moment influera sur votre état d'esprit, sur vos émotions et sur la façon dont vous gérerez la situation – et vous-même. La réaction de votre enfant dépendra du médecin et des mots d'encouragement que vous lui prodiguerez. Votre réaction n'appartient qu'à vous ! Si vous avez pris la décision de rester maître de vous-même, vous vous parlerez de la bonne façon, c'est-à-dire immédiatement, directement, de façon réaliste et positive.

Le monologue intérieur situationnel n'a pas pour but de transformer une mauvaise situation en bonne situation. Il vous donne tout simplement un moyen de tirer le meilleur parti de toute situation. Il vous aide à garder le contrôle – sur vous – et vous permet de donner le meilleur de vous-même en toutes circonstances.

Vous est-il déjà arrivé d'avoir une crevaison alors que vous étiez seul à bord de votre voiture ? Je parierais que votre monologue intérieur n'a alors pas été très positif.

Si vous avez un pneu de secours et pouvez le poser vous-même, vous vous rangez sur le bas-côté de la route, sortez de la voiture, ouvrez le coffre, en extirpez le pneu, le déposez sur le sol, trouvez le cric, retirez l'enjoliveur, vous échinez physiquement et verbalement sur les écrous, glissez le pneu de secours sur le moyeu, revissez les écrous, reposez l'enjoliveur, remontez à bord de la voiture et poursuivez votre route.

En roulant, vous faites de votre mieux pour enlever la poussière qui macule votre pantalon, votre robe, votre tailleur ou votre veston ; comme par hasard, vous ne portiez pas votre bleu de travail lorsque l'incident s'est produit.

Le monologue intérieur qui se déroule entre le moment où se produit la crevaison et quelque temps plus tard, peut-être longtemps plus tard, nous permet de garder le contrôle et un bon moral – ou, comme c'est souvent le cas dans de telles circonstances, nos paroles et nos pensées ne font qu'aggraver le problème.

Trop souvent, les mots que nous nous disons lorsque les choses vont mal contribuent au problème – au lieu d'améliorer la situation ou de nous aider à la régler. Si vous y pensez bien, vous souvenez-vous avoir entendu quelqu'un siffler, fredonner un air joyeux ou sourire en réparant une crevaison sur le bord de la route ?

DES OCCASIONS INFINIES POUR GÂCHER OU TRANSFORMER VOS JOURNÉES

Les choses qui nous contrarient peuvent être de toute nature. Chaque jour, nous faisons face à d'innombrables obstacles qui peuvent nous contrarier, nous mettre en colère ou nous distraire, si nous le leur permettons. Les événements quotidiens qui se produisent dans la vie d'un petit nombre d'entre nous seraient suffisants pour que nous dressions une liste interminable de frustrations. Les conséquences de seulement une ou deux de ces frustrations peuvent créer, si votre monologue intérieur n'est pas approprié, une déviation de votre trajectoire. Si la frustration est suffisamment grande, elle peut gâcher votre journée tout entière.

Le monologue intérieur situationnel ne changera pas nécessairement la nature du problème, mais si vous l'utilisez consciemment et dès que le moment s'en fait sentir, il peut rapidement transformer la façon dont vous réagissez au problème et influer sur votre rendement pendant le reste de la journée. Certaines de ces situations sont graves, mais d'autres peuvent être si insignifiantes qu'il est difficile de voir comment elles peuvent nous contrarier. Mais ce qu'elles ont toutes en commun, c'est la façon dont nous y réagissons.

Elles sont à l'origine des disputes, des frustrations, de l'anxiété, du stress et de mauvaises journées – et elles peuvent être de toute nature, graves ou anodines : une tranche de pain brûlée ; un avion en retard ; un patron qui vous mène la vie dure ; l'un de vos enfants rentre à la maison avec un mauvais bulletin ; vous êtes sous la douche et vous manquez d'eau chaude ; l'heure de diffusion de votre émission de télé préférée a été devancée ; vous êtes en retard pour le boulot et vous ne trouvez rien à vous mettre sur le dos ; vous n'avez pas obtenu de promotion ; etc. Ces désagréments sont-ils si graves ? Pour notre subconscient, ils sont aussi graves que nous les percevons. Pour lui, ils sont identiques à la description que nous nous en faisons.

Au lieu de vous laisser contrarier inutilement (et de déclencher ainsi un cycle négatif) lorsque vous devez faire la queue, exercez-vous à vous parler différemment. Au lieu de penser : *Je déteste faire la queue*, il est tout aussi facile d'utiliser un monologue intérieur qui modifiera la façon dont vous percevez la situation. Si vous vous demandez si cela fonctionne, essayez-le dès que vous en aurez l'occasion :

> *Faire la queue ne me dérange pas. C'est là que je suis et c'est ce que je dois faire. Faire la queue ne m'ennuie pas et j'aime vraiment faire ce qui doit être accompli.*

Je connais des gens qui détestent laisser un message dans une boîte vocale lorsqu'ils tentent de joindre quelqu'un au téléphone. « Je déteste la messagerie vocale » est le nom du programme qu'ils se sont convaincus à croire. En fait, les répondeurs ne sont pas si mauvais. Ils aident beaucoup de gens à demeurer en contact lorsqu'ils ne peuvent se parler au téléphone. Ils permettent aux gens de faire autre chose sans devoir rester à proximité de l'appareil. Ils ont leur raison d'être. Nous pouvons décider de les laisser nous contrarier ou nous pouvons reconnaître qu'ils font partie de la technologie de ce siècle et les accepter ; nous pouvons décider que ce sont de bons outils. Sans eux, il arrive parfois que personne ne réponde au téléphone.

Vous dire que vous n'aimez pas parler à une machine n'empêchera pas les gens de l'utiliser. Pour le moment, cela ne peut être changé. Ce que vous pouvez changer, c'est votre façon de réagir : « Je suis heureux d'avoir l'occasion de laisser un message. »

LES CHOSES SONT CE QU'ELLES SONT

Quel que soit l'exemple, il importe peu que nous ayons le même point de vue que ceux qui aiment la situation ou que ceux qui la détestent. Les choses sont ce qu'elles sont !

Je connais des gens qui n'aiment pas boucler leur ceinture de sécurité lorsqu'ils conduisent ou lorsqu'ils sont passagers. Ils donnent toutes les raisons possibles pour expliquer pourquoi ils ne devraient pas être obligés de la porter. Elle fripe leurs vêtements, elle est inconfortable, cela devrait être un choix personnel et non une loi. Quel que soit l'endroit où vous allez, vous avez le choix de la boucler ou non. Mais vous voulez respecter la loi, et vous avez le choix de vous dire que vous trouvez cela agaçant ou de vous dire que cela ne vous gêne absolument pas. La ceinture de sécurité peut être un sujet de plainte quotidien ou rien de plus qu'un dispositif de sécurité dont vous disposez – et il devient alors inutile d'y accorder la moindre pensée négative.

Tout comme le monologue intérieur situationnel sera efficace pour la plus petite des contrariétés, il le sera tout autant dans des circonstances plus importantes – celles, par exemple, qui influent directement sur notre revenu et notre croissance professionnelle. Lorsque je travaille auprès de sociétés commerciales et d'entreprises, je suis témoin des doléances et du ressentiment d'individus à tous les échelons de l'échelle organisationnelle. Il s'agit généralement de manifestations de leur insatisfaction à l'égard de choses qu'ils ne peuvent changer. Il peut s'agir d'une politique de la société, de la réglementation gouvernementale ou des gestes effectuées par un gestionnaire – ce qui fait naturellement partie du monde des affaires.

L'individu qui se parle de façon positive apprend rapidement à reconnaître ces réalités immuables. Il en tire non seulement le meilleur parti et cesse de les combattre – consciemment ou inconsciemment –, mais il s'efforce d'aider l'entreprise à progresser de manière à jouir d'un bon environnement de travail et d'une occasion de gravir les échelons. Après avoir évolué pendant de nombreuses années dans le monde des affaires, je pourrais rédiger plusieurs chapitres d'un livre traitant des techniques et des méthodes permettant de surmonter les obstacles des attitudes personnelles, et ainsi appliquer le monologue intérieur à la productivité dans nos professions et nos carrières. Imaginez seulement ce que de petits changements d'attitude, apportés quotidiennement, pourraient nous rapporter sur le plan professionnel !

Je n'ai jamais tenté d'estimer le nombre de difficultés et contrariétés, petites et grandes, auxquelles l'individu moyen fait face pendant un mois ou un an. C'est inutile ; nous en avons tous suffisamment. Je n'ai fait qu'utiliser quelques exemples pour vous donner une idée générale. Je suis maintenant certain que vous avez dressé votre propre liste. Pensez à n'importe quelle embûche qui peut surgir au cours de l'une de vos journées et vous trouverez une occasion d'utiliser le monologue intérieur situationnel.

Il arrive même parfois que les gens de notre entourage utilisent toutes les techniques de persuasion possibles pour nous amener à penser de la bonne façon. Je me rappelle l'histoire d'une jeune mariée plutôt astucieuse qui avait bosselé l'aile de la nouvelle voiture de sport de son mari. Cette voiture était la fierté et la joie de ce dernier ; et elle savait que la moindre égratignure serait un désastre à ses yeux. Arrivée à la maison, elle s'est précipitée à l'intérieur, hystérique : « Je viens d'avoir le plus épouvantable des accidents et j'ai démoli ta voiture ! » Le mari, qui s'est aussitôt inquiété de l'état de son épouse, a été soulagé lorsqu'elle a affirmé, à travers ses larmes, qu'elle n'était pas blessée.

Pris entre son inquiétude pour le bien-être de son épouse et le désespoir d'avoir perdu sa voiture, le mari a finalement demandé où se trouvait cette dernière. « Elle est dans l'allée », a-t-elle dit, tentant toujours de retrouver son calme. Le mari, inquiet et secoué, a enlacé sa femme et, ensemble, ils sont sortis pour aller voir ce qui restait de la rutilante voiture neuve. Lorsqu'il a vu la petite bosse sur l'aile, ses pires craintes se sont transformées en allégresse. « Ce n'est rien du tout ! Je suis heureux que tu ne sois pas blessée. On peut la faire réparer. Regarde, c'est juste une petite bosse ! On la remarque à peine ! »

Si la femme était plutôt entrée dans la maison en annonçant : « Je viens d'avoir un petit accrochage avec ta nouvelle voiture », je suis sûr que la réaction de l'homme aurait été légèrement différente. Je soupçonne que, ce soir-là, son monologue intérieur n'aurait pas été composé de pensées axées sur le soulagement et la gratitude. Dans cet exemple, la jeune mariée, qui avait de toute évidence prévu la réaction de son mari, avait préparé le terrain à son monologue intérieur. La majeure partie du temps, toutefois, cela ne se passe pas ainsi ; nous devons trouver notre propre monologue intérieur et nous débrouiller.

Si le mari avait de prime abord été un bon praticien du monologue intérieur positif, sa femme aurait pu utiliser une approche plus directe. L'important ici, c'est que la façon dont nous réagissons aux situations est basée sur ce que nous percevons – sur ce que nous nous disons à nous-mêmes, consciemment ou inconsciemment. Il s'est avéré ici que le problème n'était pas cette bosse sur l'aile de la voiture, mais plutôt la prise de position intérieure du mari.

TOUTE SITUATION OFFRE UNE CHANCE DE RÉAGIR

La position que nous prenons intérieurement déterminera toujours notre réaction devant une situation. Si un bouchon de circulation fait grimper votre tension artérielle, ne serait-il pas judicieux de reprendre le contrôle de vous-même ?

Si, par le passé, des contrariétés sont devenues des obstacles, vous pouvez y mettre un terme. Si vous avez permis aux « détails de la vie », aux événements de tous les jours, d'avoir un impact négatif sur vous, de vous contrarier, de vous faire dévier de votre voie ou de gâcher vos journées, vous pouvez y remédier, n'importe quand.

Si chacun de nous, au moment de sa naissance, recevait une bonne dose d'énergie, et si nous pouvions l'utiliser à notre guise, croyez-vous que nous le ferions de façon sensée ? Je suis certain que nous aimerions le faire. Si vous pouviez choisir, en ce moment même, comment vous utiliseriez l'énergie qui vous reste, que feriez-vous ? La laisseriez-vous s'éparpiller dans la colère, les plaintes et les petites insatisfactions de la vie ? Ou si vous n'en aviez qu'une quantité limitée, l'utiliseriez-vous soigneusement, l'appliquant à des pensées et à des tâches qui vous apporteraient épanouissement et tranquillité d'esprit ?

Le jour de notre naissance, nous avons reçu cette énergie – des particules d'énergie électrochimique qui livrent de petits, mais importants messages à notre esprit. Un jour, lorsque notre réserve d'énergie est épuisée, ces pensées, combinées, auront créé dans notre vie tout ce que nous aurons fait de valable. Nos pensées sont les pièces d'or qui se trouvent dans le coffre au trésor de notre héritage. Chacune étant précieuse en elle-même, ce sont les pensées qu'il nous est donné d'utiliser comme nous l'entendons. Lorsque nous prenons conscience de l'incroyable importance de chacune de ces petites pensées énergisantes, pourquoi voudrions-nous nous en débarrasser avec insouciance, les épuiser sans en extraire le maximum ?

La prochaine fois qu'un problème surgira, remarquez comment vous y réagissez. Si vous vous considérez comme un individu mature et capable, maître de vous-même, *prenez le contrôle* de vos pensées. Et pas seulement lorsque cela vous convient ou lorsque tout va bien. Ne dilapidez pas le pouvoir de votre esprit en cédant devant les petits inconvénients de la vie. Utilisez cette énergie à bon escient! Canalisez-la; contrôlez-la; focalisez-la. Donnez-vous les mots et les directives qui vous mettront en position de contrôle. Ce n'est pas difficile et cela en vaut toujours la peine!

Chapitre 21

Sur la ligne de départ

J'ai réalisé qu'après avoir découvert le monologue intérieur et compris son utilisation, les gens se retrouvent dans l'une de trois catégories générales :

A. Ceux qui suivent activement un plan d'action afin de mettre en pratique les principes du monologue intérieur. Ils utilisent les possibilités de leur nouveau monologue intérieur avec persévérance et confiance. Ils en font consciemment un élément actif de leur cheminement vers leurs buts et leur épanouissement.

B. Ceux qui acceptent les principes de base du monologue intérieur et qui les adaptent à leur vie d'une manière désinvolte et non spécifique. Ils mettent en pratique les concepts du monologue intérieur, mais ils ne s'efforcent pas activement de les développer ; ils se contentent de les appliquer lorsqu'ils le jugent nécessaire et attendent le résultat.

C. Ceux qui ne font rien, et qui n'en retirent rien.

Si vous appartenez à l'une des deux premières catégories, je vais maintenant vous faire quelques suggestions qui vous aideront à tirer le maximum des principes du monologue intérieur dont nous avons discuté. Apprendre un nouveau concept est une chose ; le mettre en pratique en est une autre.

Supposons qu'il y a une partie de votre esprit qui veut que vous alliez de l'avant – tant dans le monde extérieur qu'à l'intérieur de vous. Si c'est le cas, il y a plusieurs choses que vous pouvez faire pour commencer à mettre en pratique le monologue intérieur, dès maintenant. La plupart des étapes sont faciles à franchir. D'autres nécessiteront davantage d'efforts. Que vous en maîtrisiez une ou que vous les maîtrisiez toutes, vous ne pourrez qu'en bénéficier.

QUELQUES ÉTAPES PRATIQUES

Nous avons vu plus tôt que si une chose (dans le domaine du développement personnel) n'est pas simple, elle ne fonctionne pas. Je rendrai donc les étapes aussi simples et pratiques que possible. Personne ne s'attend à ce que vous déplaciez des montagnes en un jour, mais la personne qui se soucie de vous ne s'attend pas à ce que vous ne fassiez rien non plus. Je vous ferai des suggestions pour vous aider.

Si vous ne tentez pas de franchir ces étapes, vos résultats seront minimes. Si vous faites de votre mieux, et y ajoutez un peu de l'enthousiasme et de la détermination que vous avez en vous, vous créerez de nouvelles aventures excitantes dans votre vie. Vous ouvrirez des portes, vous chercherez de nouvelles occasions, vous relèverez de nouveaux défis et vous recevrez de nouvelles récompenses. Vous accomplirez des choses auxquelles peu de gens n'ont jamais rêvé. Vous ferez des choses que personne ne pourra faire pour vous.

Si vous avez déjà été un élève de la réalisation de soi, ces mots devraient vous sembler familiers ; ils font écho aux promesses des gourous et des spécialistes de la motivation. Ces derniers vous offrent – à condition que vous adoptiez leur système et utilisiez leurs techniques gagnantes – la motivation pour réussir, même si cette motivation et cette réussite sont temporaires. C'est ici qu'apprendre à utiliser le monologue intérieur fait une différence vitale.

Je vais vous donner quelques idées pratiques que vous pourrez mettre à l'épreuve. Mais je ne vous proposerai pas de recette ultime du succès. Personne ne peut le faire. Il n'appartient qu'à vous de la découvrir. Je vous propose uniquement de reprendre le contrôle de votre propre ordinateur mental. Réappropriez-vous le clavier – programmez-le vous-même, façonnez votre vie comme vous la souhaitez, et acceptez les résultats avec la certitude réconfortante que vous en êtes l'unique auteur.

Lorsque vous commencerez à modifier votre programmation, c'est-à-dire les pensées que vous transmettez à votre subconscient, vous reprenez le contrôle ! Si vous tenez bon, vous deviendrez quelqu'un qui n'appartient qu'à vous. Personne ne sera plus jamais capable de vous éloigner de votre propre nature.

LES EFFETS DES DIRECTIVES PERSONNELLES

Ces dernières années, j'ai eu le plaisir de faire la connaissance de quelques individus qui ont découvert la valeur d'un bon monologue intérieur. Ce sont des gens étonnants. Un grand nombre d'entre eux avaient connu de modestes débuts ; mais leur vie est aujourd'hui un témoignage des extraordinaires effets de la reprogrammation de soi.

Ils sont devenus les battants les plus naturels que j'ai jamais rencontrés. Quel que soit leur cheminement de carrière ou leur rôle dans la vie, ils se démarquent. Ils n'ont pas à parler de confiance ; ils l'irradient. Ils n'ont pas à prétendre qu'ils se soucient des autres ; ils s'en soucient. Chacun d'eux, à sa manière, fait sa part pour améliorer le monde. J'ai souvent pensé que s'ils étaient assez nombreux, nous nous porterions tous mieux.

J'ai deux fils adultes. Tous deux ont lutté et ont surmonté des obstacles sur la voie de la maturité de la même manière que nous tous – ils ont dû faire face à une hérédité, un environnement et des choix similaires – les mêmes facteurs déterminants qui tracent l'avenir de la majorité d'entre nous. Ils sont deux des meilleurs êtres humains que je connaisse. Je ne parle pas d'eux avec la fierté d'un père; nous le faisons tous. Mais j'ai remarqué qu'il y avait quelque chose de peu commun chez eux.

Ce sont des individus particulièrement astucieux, conscients et attentionnés que j'aurais aimé connaître s'il n'y avait pas eu de lien de parenté entre nous. Ils disent ce qu'ils pensent, ils maintiennent leurs positions et défendent leur honneur jusqu'au bout. Ils font partie de ces gens qui bonifient le monde en y vivant. J'ai tenté de comprendre ce qui leur confère une qualité que j'aurais aimé avoir lorsque j'étais jeune. Je n'ai trouvé qu'une seule réponse. *Ils ont appris à se parler à eux-mêmes.*

J'ai observé la stupéfiante métamorphose de deux individus moyens qui, grâce à une nouvelle prise de conscience, se sont transformés en des êtres brillants et magnifiques. J'ai vu le cocon de l'indifférence faire place aux ailes de la confiance en soi. Je me suis senti honoré de connaître ces individus qui ont développé un sens du soi à ce point formidable qu'ils en ont un surplus à offrir – et qui vivent leur vie en donnant.

Il y en a d'autres que je n'ai jamais vus, mais que je connais. Ils ont fait la conquête d'eux-mêmes. Ils se sont emparés d'une partie de la force motrice qui se trouve en eux et l'ont dirigée dans la bonne direction; ils ont regardé la vérité en face. Ils sont en contact avec qui ils sont. Ils ont un but et ils comprennent leur raison d'être; ils se consultent – et ils écoutent ce qu'ils ont à dire. Ils font partie de l'espoir qui réside en chacun de nous. Ce sont de véritables fonceurs.

Sont-ils si différents de nous? Je ne crois pas. Ils n'ont fait qu'apporter un changement mineur en mettant leur vie en ordre – et leur « soi ». Ils ont gagné la bataille en devenant maîtres d'eux-mêmes et en prenant le contrôle de ce qu'ils choisissent de faire de leur vie.

Si vous voulez faire une différence, si vous voulez reprendre le contrôle – retrouver votre vraie nature –, essayez de faire ce qui suit. Si cela fonctionne pour vous, persévérez. Si cela ne fonctionne pas du premier coup, essayez encore. Je ne connais encore personne qui n'a pas réussi. Si vous le voulez vraiment, vous obtiendrez des résultats.

SOYEZ À L'ÉCOUTE DE VOTRE MONOLOGUE INTÉRIEUR

Pendant les 48 prochaines heures, écoutez chaque mot que vous vous dites à vous-même. Qu'il soit bon ou mauvais, écoutez chaque mot que vous dites à voix haute ou en votre for intérieur. Écoutez *consciemment* chacune de vos pensées.

Soyez à l'écoute des deux types de monologue intérieur (négatif et positif). Prêtez une attention particulière au monologue intérieur qui se faufile subrepticement dans votre esprit. Si vos toasts brûlent demain matin, écoutez ce que vous vous dites à vous-même. Si vous avez songé à faire quelque chose, mais que vous n'êtes pas encore passé à l'action, amenez le sujet sur le tapis. Voyez quelle réponse vous obtenez de votre moi intérieur.

Prêtez attention à la façon dont vous réagissez aux problèmes et aux occasions. Observez votre réaction devant les « risques ». Est-ce que votre ancien monologue intérieur vous maintient dans les coins et dans l'ombre ou vous tenez-vous fermement debout et bien droit ? Votre monologue intérieur vous dit-il que vous êtes le meilleur, confiant et fonceur, ou vous empêche-t-il d'avancer ? Vous considérez-vous comme fondamentalement « négatif » ou « positif » ? Et plus important encore – et soyez-honnête ici –, votre monologue intérieur est-il négatif ou positif ?

Écoutez ce que vous dites lorsque vous vous parlez à vous-même. Il n'y a pas de mal à ce que, pendant les deux prochains jours, vos amis pensent que vous êtes un peu distrait. Continuez à vous écouter. Ce que vous entendrez vous en dira beaucoup sur les gestes que vous ferez ensuite.

SOYEZ À L'ÉCOUTE DU MONOLOGUE INTÉRIEUR DES AUTRES

En même temps, soyez à l'écoute du monologue intérieur des autres – surtout celui des membres de votre famille, de vos amis et de vos collègues. Prêtez attention à tout ce qu'ils disent à propos d'eux-mêmes, et à tout ce qu'ils pensent et ressentent à propos de tout ce dont ils parlent. Il n'y a pas de moyen plus rapide de vous convaincre de la non-productivité du monologue intérieur négatif qu'en l'observant chez les autres.

À partir de maintenant, ne faites plus de commentaires à quiconque à propos de son monologue intérieur – contentez-vous d'observer. Vous aurez amplement le temps plus tard d'initier les autres aux principes de la reprogrammation. Prêtez une attention particulière à ce que nous appelons des «opinions». Toutes les opinions reflètent nos croyances ou, lorsque nous n'en avons pas, les croyances des autres. Remarquez comment elles influent sur le monologue intérieur d'un individu.

Soyez également à l'affût des signes qui vous indiqueront qui exerce le contrôle dans la vie de cette personne. Qui tient le bâton ou la carotte – son patron, son conjoint, son image sociale, l'argent, la sécurité? Le monologue intérieur d'un individu vous dira toujours, si vous restez suffisamment longtemps à l'écoute, quels sont ses facteurs de motivation externes.

Prêtez attention aux «propos sociaux». C'est le type de monologue intérieur que les autres (et nous aussi parfois) utilisent et qui place les priorités sur l'importance de la position sociale – par exemple, ne pas vouloir faire moins bien que le voisin. Ce type de monologue intérieur a beaucoup d'influence. Il nous programme à croire que nous «devons» faire quelque chose en particulier, que cela soit sensé ou non.

CONSIGNEZ VOTRE ANCIEN MONOLOGUE INTÉRIEUR

La prochaine étape exige quelques efforts, mais même si vous n'y consacrez que 20 ou 30 minutes, elle devrait s'avérer révélatrice. Si vous entreprenez ce projet avec quelqu'un d'autre (conjoint ou ami), vous aurez peut-être envie d'échanger vos commentaires à la fin de cette étape.

Mettez par écrit, sur une unique feuille de papier, les 10 directives les plus négatives que vous vous donnez le plus souvent. Ne trichez pas, et ne craignez pas de noter des détails intimes. Dressez la liste des énoncés que vous formulez le plus souvent en votre for intérieur. Si vous n'arrivez pas à en trouver 10, c'est que vous n'y mettez pas suffisamment d'effort. Le monologue intérieur de la majorité d'entre nous est composé des dizaines d'énoncés dont nous ne sommes même pas conscients.

Rappelez-vous que vous cherchez des énoncés « négatifs » (de niveau 1 ou de niveau 2) – des énoncés tels que : « Je ne peux pas... », « Tout semble aller de travers » ou « Ce n'est pas mon jour de chance ». Ce ne sont là que des exemples. Il y en a des centaines.

PRENEZ CONSCIENCE DES « PROPOS MÉDIATIQUES »

Pendant les sept prochains jours, prêtez attention à ce que nous appelons les « propos médiatiques ». C'est la programmation que nous recevons par le biais de la radio, de la télévision, des quotidiens, des magazines, etc. Si vous écoutez le monologue intérieur des gens qui vous entourent, vous entendrez également une version révisée, et généralement subjective, de ce genre de propos.

Ce qu'il importe de vous rappeler lorsque vous observez et recueillez des exemples de propos médiatiques, c'est la façon dont vous réagissez à cette programmation. (Avez-vous déjà acheté la marque de mouchoirs de papier qui est le plus souvent annoncée à la télévision ?)

Cette étape a pour but de vous faire prendre conscience de ce qu'on appelle l'« influence extérieure ». Nous savons tous ce que cela veut dire, mais nous nous arrêtons rarement pour réfléchir aux conséquences qu'elle a sur notre vie. Avez-vous déjà songé au nombre de choses que vous faites parce que vous vous sentez obligé de les faire ?

VOTRE PRINCIPALE RESPONSABILITÉ

Plus vous serez conscient de tous les facteurs de persuasion et du conditionnement qui sont présents dans votre vie, plus vous aurez de facilité à les reconnaître pour ce qu'ils sont et à agir en conséquence. Il est bon de vous arrêter de temps en temps et de vous poser la question suivante : *« Qui exerce le contrôle ici ? »* Une fois que vous aurez pris conscience du fonctionnement de cette programmation et de son origine, qui croyez-vous sera responsable du conditionnement de votre esprit ? Vous, bien sûr.

Pour certaines personnes, cette responsabilité est un fardeau. Mais songez à quel point elle peut être libératrice ! Créer vos propres pensées et déterminer l'orientation de votre propre avenir est la plus importante responsabilité personnelle que vous n'aurez jamais – et assumer cette responsabilité vous permettra d'exercer un contrôle plus grand que jamais sur votre vie.

Une fois que vous aurez pris conscience du monologue intérieur discutable ou négatif qui se déroule autour de vous, celui des autres et le vôtre, il sera tout à fait naturel que vous vouliez dorénavant prendre personnellement le contrôle de ce que vous vous dites. La prochaine étape consiste à commencer à créer votre propre monologue intérieur.

Chapitre 22

Créez votre propre monologue intérieur

La meilleure façon de commencer à vous exercer à tirer parti du monologue intérieur est de créer vous-même un nouveau monologue intérieur. Pour découvrir à quel point cela peut être facile, vous voudrez peut-être prendre quelques minutes pour rédiger un bref texte sur un sujet très simple. Ou vous pouvez faire cet exercice mentalement.

Lorsque j'ai écrit le livre *Le Pouvoir de la motivation intérieure*, j'ai abordé des sujets de monologue intérieur précis qui traitaient directement de la vie quotidienne – à la maison, au travail, notre moi intérieur, notre entourage, l'atteinte de buts et le développement personnel. Dans cet ouvrage, j'ai écrit des scripts détaillés de monologue intérieur sur chacun de ces sujets de la « vie quotidienne ». Le livre a été conçu en tant qu'outil de référence rapide pour quiconque souhaite commencer à utiliser immédiatement le monologue intérieur dans pratiquement tous les aspects de sa vie – et recourir instantanément à un scénario détaillé –, qu'il s'agisse de son travail, de sa vie familiale, de ses buts, de ses problèmes ou de son potentiel.

En écrivant ce livre, j'ai cherché, défini et soigneusement noté plus de 2 500 énoncés et directives personnelles. Au cours de ce processus, j'ai appris qu'il n'y a aucune pensée qui, même si elle nous a nui par le passé, qui ne puisse être reformulée en une directive personnelle qui nous soit bénéfique. Notre monologue intérieur n'est jamais exclusif. Il comprend tout ce à quoi nous pensons et penserons. Et n'importe quel énoncé peut être reformulé pour nous aider un peu ou beaucoup.

UN MONOLOGUE INTÉRIEUR ADAPTÉ À CHAQUE SUJET

Lorsque vous commencez à reformuler votre monologue intérieur, vous pouvez choisir n'importe quel sujet qui vous vient à l'esprit et l'entourer du bon type d'énoncés. Je vous donnerai quelques exemples.

Je vous ai suggéré plus tôt de dresser la liste de 10 énoncés négatifs que vous avez utilisés par le passé. Il est parfois surprenant d'apprendre à quel point, avec un peu d'entraînement, on peut les reformuler aisément. Tout énoncé négatif peut être transformé en énoncé positif. En peu de temps, vous vous rendrez compte qu'ils sont tout aussi faciles à utiliser et ils vous viendront naturellement à l'esprit.

Penchons-nous maintenant sur quelques exemples d'énoncés que nous retrouverions dans un monologue négatif type. Il ne s'agit peut-être pas des mêmes énoncés que vous avez notés, mais la façon de les reformuler est la même. Voici donc ces exemples. Ils peuvent différer des commentaires que vous vous faites à vous-même, et ils ne traitent peut-être pas des mêmes problèmes ou occasions qui font partie de votre vie, mais ils devraient être similaires.

1. **« Les choses ne vont pas très bien pour moi au travail. »**
2. **« On dirait que je n'arrive plus à communiquer avec mon fils. » (Ou quelqu'un avec qui vous avez de la difficulté à parler.)**
3. **« J'ai de la difficulté à sortir du lit le matin. »**
4. **« Aujourd'hui a été une rude journée. »**
5. **« Il faut vraiment que je fasse plus d'exercice. »**
6. **« J'aimerais économiser davantage, mais je n'y arrive pas. »**
7. **« J'aimerais avoir plus de temps. »**

Repensez aux « scénarios » de monologue intérieur dont nous avons discuté dans les précédents chapitres. Si vous avez noté des exemples de votre propre monologue intérieur négatif, vous pouvez les réécrire, différemment – d'une façon positive et, dans la majorité des cas, au temps présent. Si vous n'avez pas dressé de liste, reformulez mentalement les énoncés négatifs qui vous viennent à l'esprit.

Exemple n° 1 :

L'énoncé « Les choses ne vont pas très bien pour moi au travail » peut aisément devenir « J'aime mon travail. Je comprends les problèmes et je trouve des solutions. »

Exemple n° 2 :

Des mots défaitistes tels que : **« On dirait que je n'arrive plus à communiquer avec mon fils »** peuvent aisément être reformulés pour offrir une nouvelle programmation à votre subconscient : *« Je prends le temps d'écouter, de parler et de communiquer. Je suis patient et compréhensif. Cela vaut la peine de faire des efforts en ce sens, et je les fais. »*

Exemple n° 3 :

Vous dire **« J'ai de la difficulté à sortir du lit le matin »** ne vous aidera certainement pas à vous lever plus rapidement ou plus facilement. Chaque fois que cette pensée traverse votre esprit, reformulez-la et dites : *« Je n'ai aucune difficulté à sortir du lit le matin. Je me lève et je m'y mets ! »* Répétez cet énoncé pendant quelques jours – ou aussi longtemps qu'il le faudra. Vous finirez par effacer l'ancien programme qui était à l'origine du problème.

Gardez à l'esprit le fait que ce n'est pas en changeant un ou deux énoncés que vous apporterez des changements radicaux dans votre vie. Si vous voulez apporter ces changements, reformulez le plus grand nombre possible d'énoncés négatifs. Plus vous modifierez votre ancien monologue intérieur et plus souvent vous utiliserez le nouveau script lorsque vous vous parlerez à vous-même, plus le changement sera efficace et permanent.

Exemple n° 4 :

Au lieu de vous dire encore une fois «**Aujourd'hui a été une rude journée**», pensez à ce que cela indique à votre subconscient. Si vous vous dites que vous avez passé une mauvaise journée uniquement parce que vous avez eu quelques difficultés, vous ne pouvez qu'avoir le sentiment qu'elle a été moins que fructueuse! Et cela ne fait que convaincre votre subconscient que vous avez essuyé un échec.

Le fait de répéter quoi que ce soit qui fait croire à votre subconscient que vous avez échoué ne fera que le convaincre que l'échec est le modèle qu'il doit reproduire! Il n'est pas nécessaire que vous prétendiez que la journée a été extraordinaire, mais il n'est pas non plus nécessaire de vous convaincre qu'elle a été désastreuse. Vous avez travaillé dur et tout ne s'est pas passé comme vous l'auriez voulu. Donnez-vous un peu de répit. Reformulez votre pensée : *«J'ai passé une bonne journée. Je suis satisfait. Et ce sera encore mieux demain!»* Ce n'est pas ignorer les problèmes ou le dur labeur. C'est tout simplement reprendre le dessus.

Exemple n° 5 :

Si vous voulez vraiment vous mettre en forme, mais n'agissez pas en ce sens et que vous vous dites : «**Il faut vraiment que je fasse plus d'exercice**», vous ne faites que vous encourager à remettre la chose au lendemain. J'aime l'énoncé suivant : *«Je fais de l'exercice chaque jour.»* Et j'ajouterais ces quelques mots pour l'appuyer : *«J'aime faire de l'exercice et j'aime le bien-être que cela me procure. J'aime me garder en forme mentalement et physiquement. J'ai une belle apparence et je me sens bien, et c'est grâce à ma séance d'exercice quotidienne. J'ai toujours hâte d'exercer mon corps et mon esprit afin de demeurer en forme et à la hauteur.»*

Exemple nº 6 :

« J'aimerais économiser davantage, mais je n'y arrive pas » est le genre d'énoncé à propos de l'argent que la majorité de nous faisons. Il ne nous aide absolument pas ; c'est plutôt le contraire – il crée une insécurité financière ! Nous pouvons tout aussi facilement nous programmer à être insolvable, à nous débrouiller ou à réussir sur le plan financier. Avoir assez d'argent, ou juste un peu plus, a beaucoup d'importance pour bien des gens. Mais on nous a enseigné à nous dire le contraire de ce que nous devons entendre pour créer cette situation.

« J'arrive à gagner l'argent dont j'ai besoin, et plus ! Je réussis à économiser. Chaque mois, sans faute, je mets de l'argent de côté. Chaque semaine, chaque mois et chaque année, j'accrois ma sécurité financière. » Orientez votre esprit dans la bonne direction, présentez-lui le bon défi, et il travaillera tout aussi dur à vous faire progresser qu'il l'a fait autrefois à vous freiner.

Votre subconscient n'a pas eu de difficulté à rendre précaire votre situation financière – il n'a fait que vous obéir. Si vous n'apportez pas de changement, il ne le fera pas non plus. Si vous voulez une assise financière plus solide, ayez une discussion avec votre subconscient. Donnez-lui des directives précises. Les résultats n'apparaîtront peut-être pas du jour au lendemain, mais ils viendront.

Exemple nº 7 :

Reformulez **« J'aimerais avoir plus de temps »** en disant : *« Je trouve et je prends le temps de faire ce que j'ai à faire. »* Tout le monde peut trouver du temps. Même l'individu le plus occupé peut trouver le temps dont il a besoin pour faire ce qui lui tient à cœur ; le problème surgit généralement lorsque nous oublions que nous pouvons choisir à quoi nous consacrons notre temps. Si le manque de temps est un problème pour vous, je vous conseille d'ajouter les énoncés suivants à votre monologue intérieur : *« J'ai* *la responsabilité de choisir quand, où et comment j'investis mon temps. Et je choisis de le faire d'une manière qui crée de grands avantages dans ma vie.»*

Ces quelques énoncés, répétés fréquemment, chaque fois que l'occasion se présente, vous permettront de reprendre le contrôle. Vous lirez peut-être un livre sur la gestion du temps et mettrez en pratique les principes qu'il propose. Vous prendrez peut-être moins d'engagements, direz «non» plus souvent, réorganiserez votre horaire, perdrez moins de temps, ou en consacrerez davantage à des tâches importantes.

C'est ainsi que fonctionne le monologue intérieur. Il donne à votre subconscient une série de directives précises et lui commande de s'attaquer au problème. Si vous l'alimentez correctement, il trouvera les bonnes solutions.

Ce ne sont là que quelques exemples de la façon dont nous pouvons reformuler ces directives – en faire des énoncés précis – chaque fois que nous le voulons. En réfléchissant bien, la majorité d'entre nous peut trouver des dizaines d'exemples. Et chacun d'eux peut être reformulé de la même manière.

J'estime qu'il est utile de mettre par écrit les anciens énoncés. Lorsqu'on les relit, il est alors plus facile de voir pourquoi ils n'étaient pas efficaces. Si vous avez un problème, ou si vous voulez exploiter une occasion, mettez tout ça par écrit. Utilisez les anciens énoncés –, notez ce qui ne va pas et ce que vous aimeriez faire. Prenez ensuite chaque pensée, chaque phrase, et examinez-la. Que vous êtes-vous dit à vous-même à ce sujet par le passé? Si ces énoncés sont empreints de questionnement, de doute ou d'acceptation négative, reformulez-les, un à un.

Lorsque vous reformulez un ancien monologue intérieur (négatif) pour en créer un nouveau, il est important d'employer les bons mots. La liste de contrôle qui suit pourra vous aider à repérer les choses «à faire» et «à ne pas faire».

LISTE DE CONTRÔLE

1. VOTRE MONOLOGUE INTÉRIEUR EST-IL FORMULÉ AU TEMPS PRÉSENT ?

Utilisez toujours le temps présent (« Je suis... », « C'est... ») Cela vaut pour tous les types de monologue intérieur, exception faite du monologue intérieur situationnel dont nous avons parlé au chapitre 20. Dans toutes les autres formes de monologue intérieur, l'image que vous créez à l'intention de votre subconscient devrait être une représentation complète de vous ayant déjà atteint votre objectif.

2. VOTRE MONOLOGUE INTÉRIEUR EST-IL PRÉCIS ?

Soyez précis. Entrez dans les détails. Abordez toutes les facettes du problème ou du but. Des directives vagues mènent à des résultats vagues. Plus vous serez explicite, plus vous vous donnerez des directives précises.

3. VOTRE MONOLOGUE INTÉRIEUR DONNE-T-IL DES RÉSULTATS SANS CRÉER D'EFFETS SECONDAIRES INDÉSIRABLES ?

Formulez toujours des énoncés qui vous poussent à atteindre vos objectifs d'une façon saine et bénéfique. Je me rappelle l'histoire d'une femme qui s'est dit qu'elle allait tout faire pour perdre 15 kilos. Cela a fonctionné. Elle a été atteinte d'une maladie apparemment sans relation avec son problème de poids, elle a été hospitalisée et elle a perdu le poids voulu.

Il est très bien de vous dire que « rien » ne vous empêchera d'atteindre votre but, quel qu'il soit, mais c'est une bonne idée d'ajouter quelques lignes à votre programmation qui diront à votre subconscient que vous y arriverez d'une manière sécuritaire et sensée.

Votre subconscient est un mécanisme incroyablement puissant et performant. Bien programmé, il fera tout ce qui est nécessaire pour vous aider à atteindre vos buts. À moins que vous ne lui disiez quoi faire, il ne fait pas la distinction entre le bien et le mal. Veillez à ce que les mots que vous vous dites indiquent à votre subconscient de faire le travail d'une façon saine et bénéfique pour toutes les parties concernées.

4. VOTRE MONOLOGUE INTÉRIEUR EST-IL FACILE À UTILISER ?

Un bon monologue intérieur est simple. Vous devez pouvoir vous en souvenir aisément de manière à l'utiliser chaque fois que vous en avez besoin. S'il n'est pas simple, vous ne l'utiliserez pas. Choisissez des mots simples qui font surgir des images claires dans votre esprit.

5. VOTRE MONOLOGUE INTÉRIEUR EST-IL PRATIQUE ET CONCRET ?

Cela ne veut pas dire que vous ne pouvez pas utiliser le monologue intérieur pour vous aider à caresser des rêves et à les transformer en réalité. Mais ces rêves doivent être ancrés sur des bases solides. Si vous vous programmez à atteindre l'impossible, vous n'obtiendrez que frustration et défaite. Dépassez vos limites, visez les plus hauts sommets et dites-vous que vous obtiendrez le meilleur résultat possible.

Vous pouvez même aller au-delà de ce que vous croyiez autrefois pouvoir atteindre, et vous le devriez ! Mais ne commencez pas à exiger des miracles tant que vous n'aurez pas appris à régler certains problèmes qui surgissent au jour le jour et à atteindre des buts qui sont à votre portée. Si vous devenez vraiment bon, vous aurez alors amplement le temps de faire des miracles.

6. VOTRE MONOLOGUE INTÉRIEUR EST-IL PERSONNEL ET HONNÊTE ?

Lorsque vous vous parlez à vous-même, soyez direct et ne tournez pas autour du pot. Si vous modifiez votre monologue intérieur, c'est principalement pour vous aider à composer avec les faits – ce que vous avez accompli et ce que vous souhaitez accomplir, qui vous pensiez être et qui vous aimeriez vraiment être.

La seule façon de ne pas buter sur les mêmes obstacles qui vous ont freiné par le passé est de les analyser avec honnêteté. Voyez-les tels qu'ils sont – ou étaient. Faites le bilan de votre situation actuelle et déterminez ce que vous aimeriez devenir.

7. VOTRE MONOLOGUE INTÉRIEUR EST-IL ASSEZ EXIGEANT ?

Tout comme il est important que nous gardions les pieds sur terre, il est important d'exiger le meilleur de nous-mêmes. Votre monologue intérieur devrait vous motiver à relever des défis, à surmonter les obstacles et à en sortir gagnant.

Étant donné que le subconscient ne fait pas la distinction entre la victoire et l'échec – il ne fait qu'agir en réponse aux impulsions que nous lui donnons –, pourquoi ne pas devenir des gagnants dans la vie plutôt que de nous contenter de moins ? Veillez à ce que votre monologue intérieur exige le meilleur de vous-même.

Que votre but soit aussi simple que la résolution d'un problème de tous les jours ou aussi ambitieux qu'un important changement qui donnera une nouvelle orientation à votre vie, il n'y a aucune raison de n'accepter rien de moins que le plus grand potentiel que nous avons tous en nous. Votre monologue intérieur devrait être le reflet de ce grand potentiel qui est déjà vôtre. Ne vous sous-estimez jamais. Veillez à ce que votre monologue intérieur reconnaisse votre véritable potentiel, l'individu que vous étiez censé devenir dès la naissance, et exigez le meilleur de vous-même.

Lorsque vous utilisez un monologue intérieur, sous quelque forme que ce soit, gardez cette liste de contrôle à l'esprit. Si votre monologue intérieur est conforme à ces directives, au lieu d'avoir à vous inquiéter à l'idée de vous programmer de la mauvaise façon, vous serez assuré de vous donner les directives appropriées, et vous mettrez ainsi toutes les chances de votre côté.

Il est probable que vous utilisez maintenant certaines des techniques dont nous avons discuté. Même si vous commencez tout juste à prendre conscience de ce que vous vous dites et de la façon dont vous le formulez, vous êtes sur la bonne voie!

Chapitre 23

Changer ou ne pas changer

En cet instant même, ou ultérieurement, vous prendrez peut-être la décision d'apporter un changement dans votre vie. Permettez-moi de vous y encourager. Il est probable que vous sachiez déjà ce que vous voulez faire. Si c'est le cas, si quelque chose au fond de votre cœur vous dit que le moment est venu, c'est qu'il est venu.

Lorsque Shakespeare a écrit les mots « Être ou ne pas être... », il ne savait peut-être pas qu'il touchait à l'essence même du *soi*. *Être* ou ne pas *être*, telle *est* la question. Devenir ou ne pas devenir; réussir ou ne pas réussir; faire ou ne pas faire – la réponse à ces questions est la réponse qui façonnera l'avenir – et la réussite – de chacun d'entre nous.

Il convient de faire le point sur notre progression. Il est sain de nous demander si nous allons dans la bonne direction. Nous avons le droit et le besoin de mesurer, de juger et d'évaluer notre cheminement. *Faisons-nous des progrès, ou non? Faisons-nous du surplace ou donnons-nous le meilleur de nous-mêmes? Faisons-nous ce que nous voulons faire ou préférerions-nous faire autre chose, quelque chose de mieux?* Sommes-nous entièrement alignés avec nos attentes les plus élevées, ou aimerions-nous apporter un ou deux changements?

La majorité d'entre nous aimeraient apporter des changements dans notre vie. Nous voulons parfois apporter un petit changement qui nous aiderait à faire les choses différemment, ou à mieux aborder une situation. Et il arrive parfois que nous ayons envie d'un changement radical, de remplacer le vieux par du neuf!

Si faire en sorte que la vie « fonctionne » est aussi simple qu'apporter quelques changements, alors pourquoi ne le faites-vous pas ?

AIMERIEZ-VOUS APPORTER UN CHANGEMENT DANS VOTRE VIE ?

J'ai connu des gens qui, plus que tout, souhaitaient régler un problème à la maison ou au travail, ou qui voulaient changer quelques petites choses à propos d'eux-mêmes de manière à favoriser leur développement personnel, ou encore dans leur vie afin de la rendre un peu plus facile. J'ai connu des gens qui en avaient assez de tout. Ils voulaient une tout autre vie – un travail différent, un nouveau conjoint, tout abandonner pour s'établir ailleurs. Ils étaient prêts à tout faire pour changer leur vie et leur avenir. J'ai connu des gens qui ont tenté de changer leur vie en changeant de maison, de voiture ou de carrière.

Mais pour la majorité d'entre eux, le *changement* n'a pas été un véritable changement ; cela n'a pas fonctionné ! Ils ont emporté leur ancien moi avec eux. Ce genre de revirement est aussi précaire et temporaire qu'un changement de costume au théâtre. Nous pouvons changer d'amis, de conjoint, d'emploi ou de ville, mais nous emporterons avec nous le même moi intérieur – cette même identité qui, au départ, nous a rendus malheureux, nous a aidés ou nous a mis dans le pétrin. Si nous transportons ces vieilles images de nous-mêmes partout où nous allons et dans tout ce que nous faisons, comment pouvons-nous espérer faire mieux la prochaine fois ?

Si nous voulons apporter un changement important dans nos croyances, nos attitudes, nos émotions, notre comportement, nos actions ou nos résultats, nous devons dès le départ déterminer qui est aux commandes – et qui ou quoi exerce un contrôle sur le changement apporté.

Comment qualifieriez-vous les changements qui se produisent dans votre vie ? Sont-ils le résultat du hasard, du destin, des circonstances ou d'une décision personnelle ?

Les changements se produisent à cause de facteurs extérieurs qui ont eu une influence sur vous, ou à la suite d'une transformation intérieure.

LE CHANGEMENT CRÉÉ PAR DES INFLUENCES EXTÉRIEURES

Avec ce genre de changement, il n'y a pas d'impact psychologique majeur qui nous avise qu'un changement est en train de se produire. Il n'a rien de traumatisant – en fait, il passe inaperçu. Ce changement se produit normalement et simplement ; il est le résultat de vagues d'influence extérieure incessantes et invisibles qui, jour après jour, heure après heure, façonnent et redessinent le littoral de notre pensée. Le genre de changement qui nous arrive à nous est le résultat de ces petits changements d'attitude qui découlent de ce qu'on attend de nous, d'événements mineurs, des politiques de notre employeur, de nos relations personnelles, des membres de notre famille, des besoins familiaux, de l'autorité parentale, des doctrines religieuses, des pressions exercées par nos pairs, de la publicité, des tendances économiques, de l'exposition quotidienne à l'information glanée sur Internet, de la télévision, de la radio, des magazines et des journaux, des exigences sociales, des vues politiques, des notions saugrenues, de nos amis intimes et des échanges de commentaires.

Il est étrange que ces influences puissent modeler une grande partie de notre vie, et pourtant elles le font. Elles ne sont pas toutes mauvaises ou nuisibles, bien entendu – certaines d'entre elles sont nécessaires et utiles. Certaines de ces influences – un petit nombre d'entre elles – comptent parmi les meilleures que nous puissions espérer. Mais prises dans leur ensemble, ces influences quotidiennes qui façonnent notre vie sont rarement les notes dont sont faites les grandes symphonies. Elles sont le plus souvent des chants funèbres, des airs écrits sans recherche, dans la tonalité de la moyenne et dont la lente mélodie tortueuse et discordante est loin de mener au crescendo de la grande finale que nous espérions, n'exigeant jamais ni ne créant l'orchestration durable et magnifique d'une vie bien vécue.

Le conditionnement de la vie quotidienne nous convainc en quelque sorte que le plus grand besoin de l'humanité, la survie sociale, est également la plus grande des réalisations personnelles !

Il en résulte que, lentement et inconsciemment, nous changeons non pas pour nous épanouir, mais pour survivre, de manière à obtenir l'acceptation des autres. Nous arrivons à nous en sortir. Nous faisons ce que nous devons faire. Nous donnons le meilleur de nous-mêmes, nous nous entendons du mieux que nous le pouvons avec les autres, nous jouons notre rôle, faisons notre travail, économisons pour l'avenir et espérons que tout ira bien. *Nous apprenons à ne plus croire aux rêves de notre enfance.*

C'est l'air que l'on nous a enseigné à jouer. Au lieu de croire, *de savoir*, que chacun de nous est un orchestre à lui seul, nous sommes amenés à croire que nous n'en sommes que le flûtiste. Nous écoutons le bavardage d'un ami, suivons l'exemple de soi-disant leaders, glissons notre vie dans un moule que nous n'avons pas fabriqué, remisons nos rêves et espérons que de bonnes choses se produiront.

Nous sommes également transformés par la vie que nous vivons. Pour la majorité d'entre nous, il s'agit rarement de changements désastreux entraînés par des événements catastrophiques. Il s'agit plutôt d'un lent et inexorable changement de notre environnement – un changement qui nous est imposé par le monde qui nous entoure. Ce dont nous devenons une partie devient une partie de nous. Ce que nous percevons et acceptons est en grande partie ce que nous deviendrons.

LE CHANGEMENT APPORTÉ PAR CHOIX PERSONNEL

Le seul type de changement qui appartient à l'individu – à chacun d'entre nous – est le changement qui est apporté par *choix* personnel.

Avez-vous déjà pensé au fait que ce que vous faites, la façon dont vous vivez, ce que vous devenez, dépend presque entièrement de vous ? Bien sûr, il y a des circonstances extérieures dont il faut tenir compte, mais la façon dont vous les abordez n'appartient en fin de compte qu'à vous. *C'est toujours vous qui déterminez quelle sera votre prochaine étape.*

Prenez la décision de respecter vos choix, et la prochaine étape vous appartiendra. Restez à ne rien faire et permettez au monde extérieur de prendre les commandes, et il le fera. Décidez de déterminer quelle sera votre prochaine étape – et de ce fait votre avenir –, vous en êtes capable. Prenez la décision de vous approprier chaque molécule d'oxygène que vous respirez. N'en démordez pas et chaque inspiration, chaque mouvement et chaque réalisation seront votre œuvre et le résultat d'un choix personnel.

La recherche dans le domaine de la neuroscience a démontré que ce que nous déterminons pour nous-mêmes, ce que nous concevons et ce à quoi nous consacrons notre énergie, générera une force vitale qui transformera nos rêves en une réalité tangible. Mais ce n'est que récemment que nous en avons compris le processus : *apprenez à penser ce que vous pensez et vous commencerez à déterminer et à réorienter la majeure partie de votre avenir.* Si vous apprenez *comment* penser à *ce que* vous pensez, vous reprendrez le contrôle.

Tout comme ce sont les pensées, les idées, les exigences et les influences des autres qui ont guidé, contrôlé et dirigé la majeure partie de notre vie par le passé, c'est le contrôle personnel que nous exerçons sur notre propre esprit qui nous donne maintenant l'occasion de modifier notre avenir à notre goût.

Vous pouvez accomplir tant de choses. Vous pouvez, si vous en prenez la décision, traverser la muraille qui se dresse entre vous et tout ce que vous souhaitez changer ou atteindre. Donnez-vous la volonté de le faire. Donnez-vous la croyance, l'attitude, l'émotion et l'élan qui vous conduiront là où vous voulez aller.

L'ULTIME DIFFÉRENCE

Nous avons commencé ce voyage à travers le fonctionnement de l'esprit et le labyrinthe des solutions possibles en examinant mon propre cheminement visant à trouver une réponse qui serait non seulement efficace, mais aussi durable. Il n'y a rien de mal avec une réussite temporaire, mais quelque chose qui pourrait la transformer en un mode de vie permanent est beaucoup plus sensé. Vivre chaque jour une vie plus fructueuse est ce que chacun de nous souhaite, en son for intérieur.

Il n'existe pas de formules magiques, de cela j'en suis certain.

Il n'y a pas de solutions rapides qui fonctionnent du jour au lendemain. Nous en sommes pourtant inondés. Nommez un problème ou un but, et vous pourrez trouver un livre ou un guide qui vous dira comment le régler ou l'atteindre, mais ça ne durera qu'un temps.

À bien des égards, nous avons fait tout ce chemin pour rien. Nous avons atteint des sommets presque inimaginables sur le plan de la technologie et de la richesse matérielle. Nous jouissons d'un plus grand nombre de commodités et d'outils ; de plus d'appareils que les plus riches des rois et reines n'en avaient dans leur vie. Et il n'y a de cela que quelques décennies. Grâce à la médecine et à la science, nous avons prolongé notre espérance de vie sur terre comme cela n'avait jamais été cru possible voilà quelques générations. Nous avons conquis les abords immédiats de notre planète. Nous avons appris à gérer nos entreprises, une partie de notre environnement, et quelque peu notre destinée.

Mais nous n'avons pas encore appris à gérer cette partie de notre vie qui est le cœur et la substance de tout ce que nous ferons. Nous n'avons pas encore appris à gérer notre propre esprit.

LA SOLUTION

Apprendre à gérer, à contrôler et à orienter les ressources de notre esprit constitue le plus grand défi que nous n'aurons jamais à relever.

Le secret de toute gestion, la gestion des autres, la gestion de nos ressources et la gestion de notre avenir passent par la gestion de soi.

La gestion de soi est ce qui fait la différence entre une vie épanouie et qui a un sens et une vie faite de frustrations et un sentiment d'inachèvement, limitée par notre manque de croyance en nous. La gestion de soi représente l'ultime conquête. Et sa solution est à notre portée.

Jusqu'à tout récemment, nous ne connaissions pas le nom de notre plus grand adversaire – ce mur qui nous a emprisonnés et qui nous obligés à n'être qu'une fraction de ce que nous aurions pu être. Cet adversaire, c'est nous. Ce sont les pensées que nous avons nourries. Ce sont nos pensées qui ont créé l'autoportrait limité de ce que nous croyons être.

Notre technologie nous a appris quelque chose. Notre connaissance émergente du cerveau humain nous a orientés dans la bonne direction. Nous avons appris que ce que nous faisons, et ce que nous faisons avec nous, n'est pas le fruit du hasard. Nous avons appris que qui nous sommes et ce que nous sommes n'est pas uniquement attribuable à une combinaison aléatoire de bagage génétique. Nous avons appris que ce qui nous arrivera – à chacun d'entre nous – dépend davantage de nous que nous le croyions : cela dépend de ce que nous pensons.

Parlez-vous! Apprenez les mots – les bons mots – et utilisez-les. Faites de votre monologue intérieur une habitude quotidienne et automatique qui vous servira de guide. Parlez-vous d'une manière qui est empreinte de gentillesse, d'amour, de bienveillance, de force, d'exigence et de détermination. Parlez-vous de la bonne manière, chaque jour.

Lorsque vous le ferez, vous vous offrirez le plus grand des cadeaux. Et n'oubliez jamais que :

Vous êtes tout ce qui existe,
Vos pensées, votre vie, vos rêves deviennent réalité.
Vous êtes tout ce que vous choisissez d'être.
Tout comme l'univers, vous n'avez aucune limite.

Informations et ressources :

Pour commander des CD d'auto-assistance :

www.selftalkstore.com

The Lifetime Library of Positive Self-Talk
Self-Talk for Weight-Loss
Self-Talk for Personal & Professional Success
Self-Esteem for Kids (jusqu'à 7 ans)
Self-Esteem for Older Kids (de 8 à 17 ans)

Suivez Shad Helmstetter sur Facebook :

www.facebook.com/shadhelmstetter

Programme de formation et certification en coaching personnel :

The Shad Helmstetter Life Coaching Institute

www.lifecoachinginstitute.com

Pour mieux connaître l'auteur et communiquer avec lui :

www.shadhelmstetter.com

MARQUIS

Québec, Canada

RECYCLÉ
Papier fait à partir de matériaux recyclés
FSC® C103567
FSC www.fsc.org

Imprimé sur du papier Enviro 100% postconsommation
traité sans chlore, accrédité ÉcoLogo et fait à partir de biogaz.

100%

PERMANENT

BIO GAZ ÉNERGIE